U0936985

珍藏本·增订本

纪念版

汉译世界学术名著丛书

# 经济学说与方法史论

〔美〕约瑟夫·熊彼特 著

武黄岗 译

张欢欢 校

商务印书馆
SINCE 1897 The Commercial Press

Joseph Schumpeter

**EPOCHEN DER DOGMEN-UND METHODENGESCHICHTE**

J. C. B. Mohr (Paul Siebeck) Verlag, 1912.

本书参考英译本译出。

# 汉译世界学术名著丛书
# （120年纪念版·珍藏本）
# 增订本出版说明

2017年10月，为纪念商务印书馆创立120周年，本馆推出“汉译世界学术名著丛书”（120年纪念版·珍藏本），计七百种。近五六年来，仰赖学界同人倾力支持，订正旧译，增补新译，拓展新著，积累日多。为满足读者需要，本馆在七百种的基础上，继续推出“汉译世界学术名著丛书”（120年纪念版·珍藏本·增订本）三百种。至此，“汉译世界学术名著丛书”累计出版已达千种。

今后，本馆将继续推进丛书的翻译出版工作，在积累单本名著的基础上陆续分辑刊行，汇印出版。为促进中外文明互鉴、推动我国学术发展，使“汉译世界学术名著丛书”这项对我国学术文化有基本建设意义的重大工程发挥更大作用，诚望海内外学术界、翻译界继续给予支持，帮助我们把这套丛书出得更好。

商务印书馆编辑部

2024年2月

# 汉译世界学术名著丛书
# （120年纪念版·珍藏本）
# 出版说明

2017年2月11日，商务印书馆迎来120岁的生日。120年前，商务印书馆前贤怀揣文化救国的理想，抱持“昌明教育，开启民智”的使命，立足本土，放眼寰宇，以出版为津梁，沟通中西，为中国、为世界提供最富智慧的思想文化成果。无论世事白云苍狗，潮流左右激荡，甚至战火硝烟弥漫，始终践行学术报国之志，无改初心。

遂译世界各国学术名著，即其一端。早在20世纪初年便出版《原富》《天演论》等影响至今的代表性著作，1950年代后更致力于外国哲学和社会科学经典的译介，及至1980年代，辑为“汉译世界学术名著丛书”，汇涓为流，蔚为大观。丛书自1981年开始出版，历时三十余年，迄今已推出七百种，是我国现代出版史上规模最大、最为重要的学术翻译工程。

丛书所选之书，立场观点不囿于一派，学科领域不限于一门，皆为文明开启以来，各时代、各国家、各民族的思想与文化精粹，代表着人类已经到达过的精神境界。丛书系统译介世界学术经典，引领时代思想，为本土原创学术的发展提供丰富的文化滋养，为推动中国现代学术和现代化进程做出了突出的贡献。

为纪念商务印书馆成立120周年，我们整体推出“汉译世界学术名著丛书”120年纪念版的珍藏本，寄望既利于文化积累，又便于研读查考，同时向长期支持丛书出版的译者、编者和读者致以敬意。

两甲子后的今天，商务印书馆又站在了一个新的历史时间节点上。我们不仅要铭记先辈的身影和足迹，更须让我们的步伐充满新的时代精神。这是商务人代代相传的事业，更是与国家和民族的命运始终紧密相连的事业。我们责无旁贷，必须做好我们这代人的传承与创造，让我们的努力和成果不仅凝聚成民族文化的记忆，还能成为后来人可以接续的事业。唯此，才能不负前贤，无愧来者。

商务印书馆编辑部

2017年10月

# 目　录

# 前　　言[①]

古典制瓦解后，人们才逐渐地对政治经济学的历史产生了浓厚的兴趣。尽管有些书籍是在18世纪编写的，但是涉及历史方面的书籍相对较少。在这里，需要提到的一本书就是罗西格1817年出版的《经济与财政学史论》。在19世纪的前十年里，这类著作主要是由德国的学者完成的，如韦策尔的《政治经济学史》(1832—1833)、鲍姆史塔克的《政治经济学百科全书》(1835)、冯·莫尔的《政治经济学史及文献》(1855—1858)以及约翰·雷姆赛·麦克库洛赫的《政治经济学文献》(1845)。这里，只是简单地罗列出了一些有价值的学术著作。

布朗基1838年出版的《欧洲政治经济史》非常成功。虽然其观点还比较粗浅，但它却是首次对政治经济学进行了历史的解读。考茨的《经济发展史及其文献》(1860)也是如此水平的著作，但远不如他的老师罗雪尔1874年出版的《德国国民经济学说史》。这本著作是其呕心沥血之作，很长一段时间里都是典范之作。虽有不足之处，但仍值得今天的学者一读。罗雪尔的另一部著作《英国

① 我们仅限于讨论经济学说史，不包括社会学学说。书中列出的书目限于涵盖整个研究主题的出版物，至少是当时的大部分出版物。

国民经济学说史》(1851)也是如此。杜林于1874年出版了《国民经济学和社会主义批判史》,就其观点的阐述方式与内涵来说,远胜罗雪尔的著作。

从那时起,德国并未开始对同样重要的经济学史开展研究。艾森哈特1881年出版的《国民经济学说史》讨论的全都是社会政策领域的问题。翁肯1902年出版的《国民经济学说史》讨论的内容仅涉及亚当·斯密之前的情况。施穆勒在《政治经济学词典》发表的文章《国民经济学》对学说及学说体系的历史进行了简要研究。此外,谢尔1908年在熊伯格的《国民经济学手册》发表了专题论文《德国国民经济学说发展史》,该论文谈到了学说历史。哈斯巴赫的著作大范围地探讨了经济学历史。法国的文献更多是总结性的著作。除了埃斯比纳斯、朗博与杜布瓦的著作外,最杰出的著作就是季特与李斯特1908年撰写的《经济学学说史》。德尼的未完之作《经济学体系与社会主义历史》(1904—1907)也进行了广泛的研究。英国文献中,也就只有英格拉姆1888年出版的《政治经济学史》较为有成就,其德文第二版于1905年问世。① 在美国,哈尼1911年出版了教科书《经济思想史》。虽然科萨出版的《政治经济学研究导论》是伟大的学术成果,但是评价不高。在其他国家有关经济学的文献中,帕尔格雷夫的《政治经济学词典》中的几篇相关文章值得一提。罗雪尔的《德国经济学史》也有利于我们了解其他国家的情况。法国唯一探讨经济学学说史的期刊就是《经济学



① 不得不提的还有博纳,他充分运用自己的知识来阐述经济学领域的大多数问题。他的主要著作是1893年出版的《哲学与政治经济学的一些历史关系》,1909年出版了第二版。

学说史期刊》。

当然,我们必须要先阅读相关学者与学派在该领域进行专门研究而发表的著作。接下来,我们会提到一部分著作。我们可以从那些专题著作中了解到不同学说与问题的历史,因为它们对学说历史演变中所有的细节问题都进行了研究。下面这些著作尤为重要:庞巴维克的《资本与利息》第一卷《资本利息理论的历史和批判》(第一版,1884;第二版,1902);马克思的《剩余价值理论》(考茨基编辑);祖克坎德尔的《价格理论》(1889);威特克的《英国政治经济学中价值理论的历史与批判》(1903);李卜克内西的《英国价值理论史》(1902);塞瓦尔的《亚当·斯密之前的价值理论》(1901);考拉的《现代价值理论发展史》(1906);格切尼的《价值理论的批判历史》(1889);萨尔兹的《论工资理论的历史与批判》(1905);伯格曼的《国民经济危机理论史》(1899);霍夫曼的《货币价值的批判史》;罗斯特的《价值与价格理论以及对其教条主义发展史的思考》(1908);皮尔斯托夫的《企业家的利润》;马塔亚的《企业家的利润》;安东·门格尔的《全部劳动收入权史论》;兹维迪内科的《工资理论与工资举措》;罗尔纲的《机械问题研究》以及科斯坦艾奇的《劳动与贫困》。

这些学说史及其批判性观点并非同等重要,但都在尝试科学地阐述观点。广泛意义上来说,这里所提及的文献都体现了其作者对学说史的研究与评论。

# 第一章　经济学学科的发展[①]

经济学这门学科形成于18世纪末期，源于两种截然不同的思想。18世纪的著作代表了前人的学术成果，并且流传百世。亚当·斯密的《国富论》就是最重要的代表作之一。从这些著作中，我们可以看到两种长期独立存在的思想。其中一种思想源于哲学家的研究。所谓的哲学家，广义上来讲，就是指那些认为社会活动是世界的基本问题，是认识世界的基本要素的思想家。可以说这种思想起源于哲学，因为哲学是所有学科的基础。另一种思想则源于其他各类人士的研究。他们对当今的实际问题很感兴趣，其主要目的是对这两种思想追本溯源，即使他们应该简而为之。此外，需要谨记的一点是虽然划分这两种思想是有必要的，但是在碰到某



① 在这些文献中，哈斯巴赫的《魁奈与亚当·斯密政治经济学的哲学基础》，施穆勒的《科学研究》以及博纳的著作是尤为重要的。以古典议题为主的文献对古典时期的经济，尤其是古代经济史进行了充分研究。谈到亚里士多德的观点，必然要提到克劳斯的《亚里士多德的价值理论》与金克尔的《亚里士多德的社会经济观》。此外，还可以参见下述著作：古绍恩的《古希腊时期的经济学学说》，恩德曼的《对罗马宗教法规学者的经济与法律的研究》，阿什利的《英国经济学历史及理论》，康森的《中世纪经济学文献史》，布朗的《13—14世纪经济学理论》，拉斯贝尔的《荷兰共和国时期的经济学历史及文献》，加尔加斯的《波兰〈17世纪年鉴〉中的经济学观点》，斯莫尔的《经济学家》，莱斯利·斯蒂芬的《18世纪的英国思想》，苏皮诺的《意大利16—17世纪的经济学科》(1888)，以及霍恩的《重农主义之前的政治经济学》(1867)。

些实际情况时就可能会变得没有意义了。因为像这样的划分具有偶然性，也一定是任意的。

哲学思想主要发轫于古希腊时期，不同于日常生活中的观念，也不同于立法者与宗教创立者的思想。一方面，古希腊时期，思想家们有关经济的观点在多年之后又会被重新表述；另一方面，古希腊的思想家们对后期的学者产生了深远的影响。因此，学术文献可以从古希腊时期的学者开始，到亚当·斯密著作中引用的文献作者，一直参阅到亚当·斯密本人。希腊人对我们的影响是非常重要的，如果要按照这种影响的重要性来排序的话，依次是亚里士多德、柏拉图、斯多葛学派和伊壁鸠鲁学派。他们所做出的学术贡献具有重要的历史意义，但是我们不应就此夸大。后期的思想家们用听上去相类似的表述来解释前人偶然说的话语并不恰当。此外，经济学理论中的某些基本论述过于简单，仅仅是从经济发展过程中的实践性知识和部分本能性知识演绎而来，还不算是令人难忘的学术成就。

虽然在后期，古代思想家们着重研究他们所关心的经济问题，而非政治问题，但是之前他们更关注政治问题，较少关注经济问题。正因如此，他们的学术遗产在经济领域的重要性远比其他领域要小。人们通常认为自给自足模式的“家庭经济”本身不会产生政治性的经济问题，但这种认识是错误的。那时候，“家庭经济”也不像本文说的那样普遍。然而，有一点是毋庸置疑的，那就是经济学领域的科学思想并没有取得长足发展。历史学家没有告诉我们多少有关经济学原理的知识。即使最优秀的历史学家在谈到普遍原理时也会大打折扣。古希腊历史学家修昔底德在判断个体事件上极具智慧，但是一谈到普遍的因果关系时则无能为力，尽管他几乎不讨论具体的经济问题。演说家的讲稿，剧作家的剧本也仅仅是写一些大众化的观点。

亚里士多德和柏拉图在经济学，尤其是经济学前科学阶段方面的阐述是不能令人满意的，和外行人并无两样。他们的论述也无法帮助人们去洞察不同经济现象之间的相互关系。他们对不同经济职能的分析反映出了上层阶级对不断兴起的商人阶层的态度；本质上来讲，他们的分析还是带有平民阶层的色彩。但是，整体而言，亚里士多德对经济学的贡献是相当大的。下文将阐述他的重要贡献。

1. 尽管他向来关注伦理道德视角下的经济活动，但他指出了人类的经济活动明显不同于家庭生活、工厂管理，或立法。他是首位，也是很长一段时间里唯一提出这一有趣问题的思想家。这在当时是非常了不起的，因为古希腊的思想家们一般是通过理解色诺芬提出的实践性经济学知识或者是经济学书籍来认识经济学。而亚里士多德的著作已经逐步涉及了经济学知识。此外，他们往往是从立法或者是构建理想城邦的视角去思考经济问题，而亚里士多德的著作则是体现了一种质疑问题、分析问题的新思路。因此，我们说他是第一股思想的创立者。他在某一篇文章里已经明确指出经济学是财富科学(《伦理学》，第 1094 页)。总的来说，他大体上认为经济学属于伦理学，到 18 世纪，才认为是属于自然法。

2. 亚里士多德为价值与价格理论的创立奠定了基础。他观察到了使用价值与交换价值之间的差异，并敏锐地发现了差异背后的本质性问题。他认为交换价值学说就是市场经济学(理财学)

理论的核心。他的理论是基于人类需要而产生的，是有关经济学价值的纯主观性理论。他认为伦理法律至高无上。他也创立了价格理论，但是没有真正地解释价格现象。这也让他有了经典论断，即货币作为一种价值交换与衡量手段的属性与职能。(《政治卷》第一卷第9页;《伦理卷》第四卷第8页)他之所以能发现这些问题的本质在于他能够认识到经济商品可以用货币来衡量。普芬多夫的经济学原理也属于这一范畴。

3. 他明确指出了货币与财富之间的区别，同时也充分吸收了与重商主义相对立的一些观点。例如，他强调生产商品是为了盈利;他也采用了如今人们常用的“资本”一说。这让我们想当然地认为他的经济学观点影响深远。但是，总的来说，这种类似于现代理论的观点是孤立的，例证也存有严重错误。

4. 亚里士多德的利息理论并非是错误的，它具有非常重要的历史意义。他认为生产是原始的，仅包括物质生产力要素。因此，他认为交易所产生的利益是欺骗的结果。有时我们认为货币不具有生产性，但是如果我们考虑到贷款用于消费的情况，那么这一论断就并非是错误的。这也是亚里士多德唯一考虑过的问题。

5. 亚里士多德曾客观冷静地讨论过制度的社会效用，如私有制和奴隶制。他的观点在当今的经济学文献中也是非常重要的。

6. 亚里士多德为社会学的发展奠定了基础。虽然他持有学院派的观点，但他一开始就反对纯个人主义的研究方法。他试图从社会心理学的视角去探索社会现象的本质，他的研究方法对整个社会哲学领域和经济学领域产生了深远的影响。尤其是，他为人类共同体具有内在社会性理论奠定了理论基础，后来格劳秀斯把这一学说发扬光大了。有时候，当他作为一个社会改革家侃侃而谈时，我们会觉得他的观点非常具有前瞻性。(《政治卷》第二卷第六章第13页)

然而他的这些学术思想与柏拉图带有梦幻色彩般的思想是截然不同的。柏拉图既没有准确理解经济，也没有提出经得起推敲的观点。他的目标不是为了解释经济本身存在问题，而是为了创建一种经济秩序以适应他提出的伦理法则和理想城邦中的情况。可能他是为了证明自己观点的科学性而选择了这样一种方式。尽管柏拉图在劳动分工问题(《共和国》第二卷)上的观点经常被引用，但是这并不能证明他对经济学有着深入的研究。在这点上，色诺芬远胜过柏拉图。当然色诺芬其他的经济学观点则显得不那么专业。《厄里克夏斯对话录》在经济领域方面的观点是非常专业的，对基本经济概念的分析也远远超过柏拉图的著作。

正如哈斯巴赫所强调的那样，虽然斯多葛学派和伊壁鸠鲁学派对罗马时期和文艺复兴时期的哲学家的学术研究有着非常大的影响，但是他们对经济问题的认识却是很消极的。此外，不难理解的一点是自从思想家最初开始思考社会学相关概念时，这些哲学体系就多多少少带有了社会学特点。我们必须要避免夸大它对我们所讨论议题的重要性。毕竟，这两大学派与我们解决问题的方法是不同的。他们的个人主义观其实就是倡导远离公共生活，与我们所谈及的个人主义是没有任何联系的。我们认为个人主义是社会学的一个基本原则，是社会研究的起点。实际上，伊壁鸠鲁学派学说与当今的幸福主义没有太多相同之处，因为斯多葛学派的学说开始朝着社会伦理学方向发展了。一方面，我们很容易被表面上的相似性所迷惑;另一方面,当后期的思想家用前人的术语来阐释新学说时,我们也很容易把这些新思想当作是哲学领域科学的社会研究。

这些学术思想在两方面影响着经济学的发展。首先,这些思想得以不断地传承,从罗马中世纪时期一直到当代。其次,在文艺复兴时期,以及此后的很长一段时间里,这些希腊的思想家非常活跃,向自己学生授业解惑的同时也会向自己的学生学习请教。

即使是在今天,如果我们忽略经济学的姐妹学科而去讨论经济学本身,那么也会是一件很难的事情,甚至在某些方面都无法展开讨论。只要经济学学科知识体系尚不完善,那么它仍旧是整个哲学大体系的一小部分,要想独立出来还是非常困难的。但是如果我们要在本书的框架下继续讨论,那就不得不去尝试使经济学独立出来。因为简单来说,在古罗马时期的知识体系并没有丰富起来。就哲学与史学而言,两者完全是不同源的;就法学而言,也没有多大的期待。我们可以看到律师是如何满怀信心地解决经济生活中的问题,但是这也仅仅是向经验丰富的商人做出的保证。正是由于法律论证固有的局限性,因此其最终目的也不可能是为了经济争论。就像保罗给价格下的定义一样,某些偶然性的论述是孤立的,并不能说明什么。因此,我们认为,就我们所关注的问题而言,现代学者对法典大全的经济学方法研究并没有产生任何成果。曾经撰写了《农业志》的作者在编撰农牧业生产指导手册时同样没有用经济学相关知识来呈现。这一点很明显,就像十八、十九世纪的英国在土地改革方面存在大量问题一样。

接下来,我们将从经院哲学的视角来谈经济问题。这种猜想

不同于大众观点，或是个人对于商业的认识。实际上，我们发现经院哲学在很多方面都秉承了亚里士多德的思想，就如同马克思继承了李嘉图的思想一样。尽管它的目的常常会带有诡辩的特点，但是我们必须看到我们所讨论的情况和宗教戒律不仅仅是其外在表现形式。有时候，我们会深刻地意识到客观研究对我们越有利，我们越会长久地研究下去。

但是在经济学领域，只是某种程度上来说是这样子的，并且经院哲学派的观点价值不大。当我们想到价格公平的道德问题时，我们发现了价格理论的早期思想。就我们所知，艾尔伯图斯·麦格努斯(1193—1280)最早提出了这一理论。麦格努斯试图更加准确地解读亚里士多德的价格观点，他认为对于用于交换的商品而言，其所包含的劳动力与消费的等价性是交换关系的理想标准。但是，这种观点仅仅是从道德角度来做的假设，甚至是源于"禁止不公平交易"一说。最重要的是，这种观点与经济学理论中的那些观点没有任何联系，而那些观点却有可能让他的这一观点具有可操作性。经院哲学学派的很多经济学观点都是如此。虽然包括托马斯·阿奎那在内的大多数人不是最初提出这些观点的人，但是可能从邓斯·司各脱开始，他们就倾向于用商品效用来解释交换经济。正是这种发展趋势使得布里丹[①]在14世纪上半叶就创建了货币理论，后来奥里斯对其进行了详细阐述。这可能是最早的真正意义上的经济学成就。货币价值是基于其物质使用价值这一基本概念也一直被人们所使用。这一趋势到15世纪末期达到顶

① 参见克劳斯的《教师奥里斯》(《图宾根杂志》,1904)。

峰，人们通常认为经院哲学的辉煌时期止于加布里埃尔·比尔时代。但是，经院哲学在社会科学领域的学术思想仍然在自然法学派中得以继承。

利息理论就是经院学派中价格理论独特应用的一种体现，其旨在为中世纪思想家解决收取利息问题提供理论基础。这一理论一直存在到18世纪后半叶。它可能是纯经济学问题讨论中最为重要的话题，才得以不断发展。有关经院学派其他的学术成就，本文暂不涉及。另外，很明确的一点是我们可以从经院学派的观点中勾勒出完整的经济学学科，但这不是体现了专门研究的结果，而是反映了人们对现有问题的普遍态度。

社会科学领域中所取得的学术成就最终融入了文艺复兴与宗教改革时期的思想潮流中。由于人类受到空间的限制，所以有很多思想潮流难以描述。而在这些思想潮流中，有两点是必须要提到的。首先，社会科学领域的思潮往往受到同时期政治、宗教、社会变革的推动而不断更新变化。这种思潮导致大量新的工人阶级进入到这一领域，他们会从新的视角来审视整个社会与国家。



其次，这一潮流，除了间接地受到上述提及的变革力量的推动外，也会直接地受到不断觉醒的自然科学精神的影响。这一时期明确地体现了经院哲学的历史延续性。经院哲学学派的思想从未以某种外在形式体现出来，然而新变化又使得社会科学的思想呈现出了完全不同的形式。

因为所有的这些普遍看法，严格意义上来讲，都是不正确的，所以我们可以说早期思想家眼中的社会世界是充满着神秘色彩的或者不言而喻的，但是现在似乎成了一个知识性的问题，需要用自然主义的观点而非超自然主义的观点来理解。这些观点源于观察，以及经验基础上对客观事实的分析。所谓的社会世界的合理性指的是用因果关系来理性认识整个社会世界。通过分析构成整个社会的人类行为的合理动机，或者是把某些社会目的当作是合理的，来实现社会世界的合理性。历史学家认为西班牙帝国的瓦解在于其缺乏内在的活力，以此来解释这一事件，同时运用因果关系来进一步使得自己的解释合理化。但是，我们不能就此认为社会世界仅仅是人类行为的合理动机的产物，也绝不能把社会中的某些情况看成是完全合理的。当然，“理性主义”这一术语已经成了流行词汇。这一词汇的词义可能会与其他的词义混淆在一起。为了能够洞察社会科学领域中理性主义的本质，必须强调一点，即直到 18 世纪史学的兴起，这些不同的词义才进入到思想家的视野。虽然这种情况越来越少发生，但一直持续到当今。社会科学领域早期的思想家在理解社会行为时，往往借助于行为者的理性思维进行解释。同时，他们会把那些不合理的行为原则上当作是极其无聊的失常行为。因此，我们可以理解为：一方面，思想家的结论观点都是带有个人主义的色彩，把个人的动机看作是理解社会问题的关键；另一方面，他们认为存在一种合乎理性的、恒定的、普遍有效的秩序。之所以得出上述的结论，是因为他们认为人类的心理状态是既定的、不变的，因此产生的行为法则也应该是不变的，同样由此产生的社会世界也是不变的。在这里我们可以探寻到科学领域里个人主义的源头，与此同时，现实中并不存在社会一般标准环境这一概念，所以必须要确立这一概念。然而，我们要记住，这些思想家们的出发点，现在来看是相当科学的，并且社会科

学基于心理学这一理念所代表的思想在今天又重新焕发生机。由于这类学术著作观点不深刻，还有明显的不足，我们就很容易忘却实际上今天我们的很多学术著作都是完完全全依赖于这些基本观点。①

首先，理性主义神学得到了发展。理性主义神学对我们而言没有什么直接意义，但是间接意义重大。我们对这一方面极为感兴趣，于是去观察这一讨论是如何、何时以宗教改革的争论开始的。这一讨论也还取决于传统的解读方式。后来，这种方法被彻底摒弃，人们转而去分析宗教信仰，直到各种各样的自然神论（理性神论）出现。自然神论除了与自然法则相一致以外，也与人的内心世界是相一致的。也就是说，这种信仰是人内心坚定的意志与理性共同作用而产生的，它不具有一般的自然性，也不具有宗教信仰那样的社会功能。在这一时期，所有的思想家都曾提及这些问题。亚当·斯密还曾就“自然神论”做过讲座，但是这一主题已经不同于社会科学中的主题，也不同于其他哲学学科的主题。像勃特勒这样的一些纯神学学者对社会科学领域的思想产生了深远的

① 人们通常会把个人主义和理性主义看作是社会哲学范畴的问题，但是我们更要强调的是个人主义和理性主义的思维方式也为其本身提供了一种审视心理。作为最自然的一种思维方式，它取决于科学的进步。此外，人们通常会无端地重视一些神学观点。整个时期的学术思想的确都是用神学语言来解释，但是也有必要将思维方式和解决方法区分开来。这里的思维方式指的是用超自然主义来解释现象；在科学框架下的解决方法则给出了“合乎自然规律”的原因，同时也秉持着“万物皆有长远的规划”这样的观点。在理性主义中，论证是完全积极的、科学的。也只有在此，我们才能看到这样的论述：笛卡尔、洛克、牛顿等人的思想中都有神学成分，但这并未对他们的学术成果和学术思想产生真正的影响。这一点同样适用于我们这里所谈及的学科领域。社会科学领域的思想在完全解放之后还以神学的形式存在了很长时间。

影响。

后来，伦理学从神哲学中独立了出来。它不仅与政治经济学紧密联系，同时也采用了与政治经济学相同的分析方法。这里所说的方法指的是心理学的分析方法。它已经成为一门真正的社会学科，并且从未割裂与经济学的联系，尽管与之相反的观点更受欢迎。这一时期的伦理道德体系主要是通过一般的解释原则来分析伦理现象，如沙夫茨伯里的道德观，亚当·斯密的同情原理，霍布斯著作中的道德认同与积极立法原则，对格劳秀斯古代思想的不同回应，以及曼德维尔德的自我主义原则。上述提到的不同原则对我们来说是有重要意义的。我们也观察到神学讨论在向我们所谈到的"科学的"概念转变，尽管后期大多数的思想家从未脱去神学的外衣。同时，我们也发现人们对道德知识的渴望都是有着具体的内涵，但我们必须把其与知识的基本需求和广义解释区别开来。

16 世纪就已经成为独立学科的自然法学说对我们来说意义更大。在自然法的框架下，我们很难说清楚科学进步的程度。意大利和法国的律师最初是采用后注释法学派的方法，即诡辩与注释的方法。在上述情况的影响下，他们逐渐形成了一种批判精神，来不断质疑法律体系的内容。这种批判精神源于希腊的自然科学，经由阿拉伯人的传播而广为人知。①

正因如此，不同于任何具体法律的自然法才慢慢产生。它源于人类本性中的经验和社会的内在需求。后来，法律科学与它的

① 在亚里士多德看来，经院学派中只有文科依旧存在，有影响力。希腊的自然科学已经被忽视了，甚至是彻底被曲解，后来是由于阿拉伯人才变得有影响力。

基础科学－城邦社会学也逐渐地发展了起来。这也要归因于法国“二重真理”学说的影响。虽然这一学说形式上是认可宗教教条的权威，但是它也确保了科学思想的独立性。虽然这门学科研究所用的数据本身有错误，不足以得出一些影响深远的结论，但是它的学科特点还在，即作为一门基于经验的学科。直到18世纪，法律一般性理论的科学目的，对于那些总是以不切实际的形式去追根问底的人来说，就是为了找到一个普遍有效的包含具体法律规则的法律体系。正是因为这一事实以及神学语言的使用让批评家很难看到自然法的真正特点，更不用说欣赏它的优越性了。而这也导致人们在思考自然法时产生的一些偏见。

很难说我们这里应该提及哪些学者。当我们在讨论经济学时，很自然的会先考虑对经济学有贡献的学者。众所周知，重农主义者被认为非常关心经济学，他们的学说也被后人所采用。此外，普芬道夫[①]对经济学的影响是最直接的，他的经济学观点就是哈奇森经济学观点的核心部分。因此，也可以说是哈奇森的弟子，亚当·斯密经济学学说中重要的一部分。我们也需要说一下洛克，除了在自然法中的观点之外，他的经济学成就也是非常突出的。虽然，这里我们不可能讨论奥尔登厄普、格劳秀斯、伽桑狄、博迪厄斯、卡尔达诺、霍布斯等人对经济学的重要性，但是有必要简要地说一说哈奇森。因为他和《国富论》有着重要的联系。这位格拉斯哥大学教授编写的《道德哲学体系》是非常重要的一本著作。尽管

① 康林不算是一位非常优秀的经济学家，而托马修斯和沃尔夫根本无法被当作是经济学家。后两者除了对公共金融与政策问题略表关注外，对这一议题缺乏深入的见解，甚至没有产生过非常浓厚的兴趣。

此书于 1755 年出版，但是其中一些学术思想是他在 1746 年做学术讲座时的成果。这本书详细地讲解了经济学理论（参见斯科特 1900 年出版的《弗兰西斯·哈奇森》）。亚当·斯密显然是继承了哈奇森的劳动力分工学说、价值理论、价格理论以及货币理论。需要特别指出的是哈奇森和古典学派中的所有学者都认为劳动力是交换价值的衡量标准。在他的分配理论中，已经明确出现了对土地物质生产力的不合理的过高估算。这一点也体现在重农主义者的理论体系中。他的利息理论也就此诞生，20 多年后杜尔哥发展了这一理论。另一方面，他认为因利息产生的收入源于企业家通过借钱所创造的利润。从这一点来看，他和洛克的观点很相近。但亚当·斯密却极力回避这一结论。他也认识到一些影响因素的重要性，如后来大家熟知的“供给与需求”。在国际贸易问题方面，哈奇森的观点介于重商主义观点和亚当·斯密观点之间。从普芬道夫的著作中，可以明确看到他已经把社会学科和神学完全分开了，后来他的社会观点带有了鲜明的功利主义倾向。

这里有三点值得注意。首先，自然法学派中的一种思想逐渐演变成了功利主义理论，这与哲学家边沁有很大关系。这也意味着社会效用这一要素在某一方面得到重视。因此，社会行为的答案就在个人意志与个人追求快乐、避免痛苦的需求中寻找。这在经济学领域显得最为重要，因为这一观点是最适合经济学的。但是跳脱出经济学这一领域，这一观点就失效了。它是一种有效的经济学分析方法，可以直接或者是通过批判的方式使得社会学科领域的知识得以拓展延伸。其次，需要强调的是自然法学派代表性人物发展社会契约论的同时又摒弃了它。我们没必要批判这种观点，因为从历史的角度来看它并没有什么价值。很多社会关系，如果不是建立在自觉性的契约之上的话，那至少也是基于互助服务而建立的。因此，与其说是来源于历史学家的政治思想，还不如说是作为一种探索方法更值得我们关注。这一点尤为适用于构成经济体系的不同经济关系。并且，这种观点有意识或无意识地促进了人们对经济学的深入思考，而不受形而上学思想的影响。再者，回顾历史，斐利波维奇曾把自己的著作《德国经济学的发展》当作礼物送给施穆勒。他在这本书里指出在19世纪时期，只有自然法学派的老师才能把社会观以及与其相关的各种理论融入到德国的经济学理论之中。

包括神学、伦理学、法学以及经济学在内的所有分支学科构成了一个学科整体，即我们通常说的“道德哲学”。我们不能简单地把它理解为“道德学说”或“哲学”，它是一个全面系统的思想体系。虽然这种思想体系也掺杂了形而上学思想，但是与自然学科相比，更加具有实证性与可分析性。当时人们也称之为自然哲学。这一体系中的所有分支学科有着共同的前提，即它们都对人类动机，以及人类动机与人类行为的关系提出了相同的设想；所有的分支学科都是个人主义的、理性主义的、绝对主义的，因此有关成长的观点已经完全看不到了。有机体内的任何一种成分都会影响其他成分，因此，可以说经济学中的任何一种思想都是非常重要的。这里，我们也必须先讨论一下洛克和休谟的哲学成就，因为哲学从未达到像这一时期的社会学那种程度。最著名的当属哈特莱的联想主义哲学心理学。约翰·斯图亚特·穆勒的思想完全受到了哈特莱的影响。这种心理学对经济学理论的发展是至关重要的。我们无法深入探究这一问题，也无法解释这种现象，因为它已经超越了社会学思想的研究方法，例如维科的《新科学原理》。

我们先回到经济学学科的第二个思想来源。一方面，我们目前看到的思想家都是从广义的“哲学”视角来解决经济问题。他们已经逐渐地注意到了现象世界中的经济现象，并采用了既有的方法，用不同领域的观点来分析。另一方面，对于我们提到的这些思想家而言，具体问题与具体目标意义重大，即使他们认为对知识的需求本身也是非常重要的。大多数的思想家认为人类活动本身根本不存在什么问题。人们多数都是非常实际的，没有接受过具体的科学训练，也没有哲学质询的偏好。在政治家看来，事实必然是受到质疑的，就如同必须要回答的问题一样。对于一些偶然产生的问题来说，解决方法更多地是生活或经济活动中智慧或经验的体现，而不是哲学思维。这就很好地解释了为什么经济学学科发展初期成果丰硕，但后期乏力。因为之后的发展依旧局限于那些争议性的问题。我们也要明白为什么很多精妙阐述的分析结论都带有最初的偏见，为什么我们常常可以观察到细节，但却看不到内在机理，为什么这种分析仅限于对某一问题的深入剖析，而大多数情况下都不去澄清一些基本问题。简言之，经济学体现了直接观察的新颖性与成效性。它也表明了在早期阶段单纯观察的有益性。然而在偶然辩论与当前讨论中，思想家们也开始尝试去进行真正意义上的分析。今天我们所拥有的这些学术成果的学术高度，在大多数情况下，都不及那时的学术成果。这是因为经济学领域的严格意义上的科学知识并未享有盛誉。在早期阶段，“大众经济学”推动了科学经济学的萌发与发展。让我们感兴趣的是它影

响并产生了科学知识，而不是对当前普遍现状的反映。

实际上，这些突出显著问题的讨论在不同的国家呈现出了不同的特点。英国是世界上当时讨论最为激烈的地方。当时的政治环境是这一学术繁荣的必要条件，使得大众广为关注这些问题。其他国家则或多或少缺乏争论的动机，其议会传统中也缺乏这种训练。专制政府实际上对经济政策并不感兴趣。其结果就是英国在15至17世纪就已经确立了其在经济思想领域的权威地位，到19世纪前半叶已经是毫无争议的事实。当时出现了很多就如下问题的争论：货币情况，闭关政策，及其导致的农业衰退，政府下令交通管制；外国商人的特权，纺织体系的瓦解，加莱失守后，尤其是与荷兰的汇率问题；与贸易垄断的对抗（先是皇室宠信集团，后是大型贸易公司）；很多人认为会造成损失惨重的羊毛出口，以及银行体系的确立。

虽然人们在讨论这些争论话题时仅考虑一时的目的，但正是这些争论才帮助人们澄清了一些观点，激发了人们进行经济学分析的需求，最终确立了许多经济学概念，构建了思想体系和描述性知识。我们需要提到的是黑尔斯的著作，它是最早从整体的视角来描述现在的问题。拉蒙德在1891年的《英国历史评论》中指出，这本名为《近来我国各界同胞常有的一些抱怨的简单考察》的书写于1549年，出版于1581年。全书采用了对话的形式，书中对“抱怨”货币贬值的讨论都归因于从美国进口金银这一点。作者的基本观点完全是对日常生活的认识，思维方式也未经训练。尽管如此，他的观点很长一段时间里是一枝独秀。当我们研究那些成功的商人对其关注的问题进行极为幼稚的讨论时，我们会想到系统分析具有毋庸置疑的优越性，它决定了进步的程度。比如说，人们要求政府规范汇率，人们害怕黄金出口。很久之后才改变了这一观念，即汇率仅取决于与交易直接相关的商人的行为。其中代表性人物有米尔斯①、马里内斯和米塞尔顿。即使是今天很多外行人仍然坚持这种认识。当这种“重金主义”观点被摒弃后，社会进步了很多，人们也认识到了汇率与贸易平衡的关系是密不可分的。这种变化明确地体现在了麦迪逊 1640 年的著作《英国正内外观望》。本书依次讨论了影响贸易平衡的因素。这本著作也加深了人们对经济交易的理解和认识。经济学家托马斯·孟 1664 年出版的著作《英国得自对外贸易的财富》阐述清楚，明白易懂，具有划时代的意义。本就讲究务实的商人对其观点也是深信不疑。这本书虽然没有什么科学性，但却以相当简明有效的方式表达了对经济政策的看法，并影响了很多人。在与托马斯·孟同一时代的代表性人物或是后继者中，尤其值得一提的是约瑟亚·柴尔德爵士 1668 年出版的《对贸易与货币利息的简要考察》，1721 年出版的《英国商人》和基尔 1729 年出版的《大不列颠的贸易与航海》。这些著作代表了早期的经济学观点，体现了经济学体系是如何逐渐形成的，因此非常值得一读。这种思潮在 18 世纪的大部分时间里普遍盛行，顶峰之作当属詹姆斯·斯图尔特爵士 1767 年出版的《政治经济学原理的研究》。但是，他的科学重要性体现在他所产生的不同影响上。②

① 由于自己的失误，我自己并不了解原著中的这位作者。

② 哈斯巴赫曾对詹姆斯·斯图亚特的著作发表过错误的科学评价。然而令人称赞的是，他对詹姆斯·斯图亚特爵士本人的评价甚高。但这本书被普遍认为是该领域最伟大的成就之一。

除了詹姆斯·斯图尔特，上文提到的这些人都是不假思索地采纳日常生活中的基本观点，并仅以此来尝试解决某些具体问题。在 17 世纪下半叶，务实的人们开始本着科学的态度去思考问题。他们认为这一时期的出现也推动了人们进一步去深入研究。而历史学家哈勒姆认为这一时期是英国国家繁荣的低谷时期。18 世纪中期，这些学术著作上取得的进步也进一步促进了英国经济学学科的确立。洛克就是典型的代表。他分别于 1695 年、1696 年发表了《对降低货币利率与提高货币价值所产生的后果的思考》、《进一步思考降低货币利率与提高货币价值所产生的后果》。在这些经济学家当中，如果我们抛开肤浅一说的话，经济学家已经完全可以替代哲学家了。[①] 洛克不仅对货币理论做出了重要贡献，也从劳动价值理论的视角深入地研究了价值问题。此外，他还提出了基本的分配理论。最重要的是，他深入研究了决定一个国家经济繁荣的影响因素。他当时的竞争对手是尼古拉斯·巴伯，其学说价值非常高。尼古拉斯·巴伯 1690 年编写了《贸易论》，1905 年经贺兰德编辑出版（参见圣·鲍尔于 1890 年在《康拉德年鉴》中有关巴伯的论述）。重要的是他提出了人们至今仍非常感兴趣的货币法学理论。他还提出了贸易平衡理论，其观点本质上就带有



① 这就是为什么我们要在这里讨论洛克，而不是在讨论哲学家的时候讨论他。一位名叫范德林特的荷兰商人基于洛克的学术思想，于 1734 年发表了《货币万能论》。他在有关自由贸易等方面的经济政策更多的是纸上谈兵，科学性不强。同样的还有阿斯基尔 1694 年出版的《几个证实了的论断》（贺兰德编辑）和贝克莱出版的《提问者》。这一时期，荷兰作家的著作内容详实有趣，和英国作家的著作的特点颇为相似。而在 17 世纪时期，荷兰作家则略胜一筹。但我还要提一下格拉斯温克尔（1600—1668），萨尔马修斯（1588—1658）和德·拉·库尔（1618—1685）。

休谟的影子。而他的重要价值并非在于他提出的这些理论，而在于他得出结论的方式。他为了能从具体问题中得出结论，会尽可能地回到经济过程中的基本要素上来思考问题。他一步一步地实现了自己的目标，从理论上一点一点地解决了这一问题。他也意识到，在解决一个个具体问题前，能发现其一般原理是非常有必要的。正因如此，他准确地分析了效用因素，并就此提出了价值理论。但是他基于价值理论来讨论价格理论时则不那么成功。在他的利息理论中，他毅然放弃了当时的普遍观点，即支付利息就是为了赚钱，预言接下来的两百年里将对资本展开研究。[①] 但就利息理论而言，1668 年问世的著作《论货币利率被误认为或证明降低利率是国家富人产生的结果而非原因》要更胜于巴伯的观点。从其副标题就可以看出来这本著作的价值所在。在我们看来，它在人们理解利率现象的进程中具有里程碑式的意义。对我们来说，这一时期同样最具价值的当属达德利·诺思于 1691 年撰写的《贸易论》，后经贺兰德编辑，并于 1907 年出版。需要注意的是，虽然在本书的序言里达德利·诺思说本书并非本人亲自所著，但是其写作的语言风格与文中的语言风格非常相似。

在这本书中，经济学理论的论述是务实的、科学的，与“一般的胡思乱想就是垃圾”这种描述形成了鲜明的对比。此外，这本书也借鉴了自然科学的研究方法。这两本著作体现了早期的学术研究是支持自由贸易的，书中整体的学术思想也使得方法论原则增色

① 他认为利息就是租赁库存物，就如同租赁土地一样。如果现代读者能够彻底理解这句话的话，那么就会明白资本－租赁与土地－租赁公式代表着分析方法上的巨大进步。

不少。作者本人也明确指出这仅仅是对当时人们经济活动的狭隘认识,仅算是当时普遍盛行的观点看法。他计划通过更加强有力的分析来取而代之。直到李嘉图时代,理论学说才超越他的这本著作。在他的著作中,著名的观点有:所有的国家都会形成贸易区(以前的学者就曾提出过);不存在不良的贸易;政府规范价格对老百姓有无影响;货币流通会自我调控;是否限制印钞。这些观点主张也使得他在经济学领域广受赞誉。虽然本书观点在后期具有很大的局限性,但是其重要性并未被削弱。如果我们想要研究经济学领域里科学思想的发展,我们就必须得参阅孟、诺思、亚当·斯密以及李嘉图等人的著作。

在18世纪,休谟和约瑟夫·马西(《论决定自然利息率的原因》,1750)等人继续推动着经济学的发展。对洛克的经济学著作的评价同样适用于休谟:他对其他经济学家的影响力远比自己大。他是一位头脑清晰、思维敏锐的学者,虽未成为影响深远的思想家,但是具有时代意义。他普遍受到赞扬,而亚当·斯密则受人批判。两者学术文献上的联系必然让人们夸大它的重要性。经济学在18世纪前半叶诞生之后,休谟的确在该学科发展的过程中发挥着重要作用。他的杰作之一《道德和政治论文集》(格林与格罗夫斯编辑,1875)对那些“垂死”的学术思想更是一次沉重打击,并且影响非常广泛。当然这并不是他创作时期的学术成果。从文中细节可以看出,写作并不精细,也没有体现其思想伟大之处。虽然这一时期既无可读性,也无对经济学发展有深入见地的大作问世,但是很显然他在经济学领域的智慧还未被发现。塔克(1712—1799,参见克拉克的《约瑟亚·塔克》)也曾有过一些积极的学术成果,在他的著作中他逐渐明确了经济学的研究对象。坎蒂隆也是值得肯定的一位经济学家。他于1734年完成了《商业性质论》(英文版),于1892年再次出版。他算是第一位尝试系统地研究经济学体系的学者。他秉持科学精神进行研究,所有他曾解决的问题似乎都能用统一的原理来解释。而这些统一的原理也成了其整体研究的一部分。过去思想的狭隘性得以解决,过去的错误得以避免。过去因缺乏研究分析方法的训练而产生的问题其实就是受到了哲学思想的影响。[①]

威廉·配第也是非常杰出的经济学家,其先后于1662年、1682年、1691年相继出版了《赋税论》、《政治算术》与《爱尔兰政治剖析》。他的研究兴趣主要是用统计学的理论来理解经济学问题。在他的学术思想中统计学方法是非常普遍的,这也是他与同时代的经济学家的不同之处。当时的经济学发展到了一个新的高度,很多难题涌现,这种新方法也就应运而生了。但是那时的统计分析还是比较简单的。同时期的学者认为统计学仅仅是一种从定量角度理解现象的方法,不容易出错。然而配第尝试从理论角度理解它,并用一种新的方法加以解释。在面对纷繁复杂的事实时,他自己独创了很多理论方法,探索出了一条新的研究路子。因此,我们可以看到他每一步的理论思考都是经过深思熟虑而形成的。就

① 这里,不得不提的是约翰·哈里斯于1755年出版的《货币与硬币论》。这本书不仅体现了英国人对货币讨论的成果,也包含了经济学一般理论的基本特征。此外,还有著名的金融投资家约翰·劳于1705年出版的《论货币与贸易》。尽管这本书旨在推行当时听起来很先进的纸币计划,但是由于他提出了信用理论,因此这本书不仅仅是一本宣传小册子。

经济学知识的深度而言，配第要比像格朗特、达维南特和格里戈里·金的成就大，尽管他们在很多方面都具有时代意义。他们的成功是不可复制的，因此更像是一种柏拉图式的赞赏：格里戈里·金法则的确立旨在尝试用数字来明确小麦价格与可供应之间的关系。这是一种行之有效的好方法。格里戈里·金的学术成就也有待研究。

总的来说，这种看似颇有前景的发展实则在走下坡路。很长一段时间的经济学研究都是在寻求不同的研究方法，统计学研究也逐渐地与经济学研究分离。我们无法深入地分析这一时期的其他现象，但是需要强调的是在 17 世纪第一次出现了对比描述法（对比描述不同国家的经济境况），且自成一派，直到当今仍是如此。最具代表性的例子就是威廉·坦普尔的著作：1693 年出版的《对荷兰的观察》。在某些专门领域也产生了很多学术成就，如贫困问题和失业问题，并且这些学术成就对大众产生了深远的影响。[①]

在英国，经济学领域的学术研究非常活跃。这不仅有助于我们了解经济学的发展，而且做研究本身也是一件非常有吸引力的事情。甚至是价值不变的事物也会有很多表现形式，就如同宽广的小溪会泛起层层涟漪一样。这是万物之本，但这样的溪流并未出现在欧洲大陆。德国由于宗教战争导致经济学研究水平较低。从 16 世纪初期的发展形势来看，要不是因为这些斗争以及斗争所带来的政治与社会影响，德国的经济学研究同样会非常活跃，水平

① 参见科斯塔尼基 1909 年出版的著作《劳动与贫困》。

更高。我们可以看到很多有关货币政策的讨论，如货币出口、商业公司以及农民与其他人的问题等。而这些问题中最著名的就是1530年艾伯廷-欧内斯廷之争。这些问题的讨论水平与层次不低于英国的情况，但是没有像我们所期待的那样，可以得到进一步发展，进一步提升讨论的水平与高度。其结果就是外来的学术思想完全阻碍了本土学术思想的创新发展。

虽然个别学者的著作所受影响较小，但是他们的著作缺少了源于日常经济学生活中的新鲜血液。所有的知识都是前人的成果，发展过程中缺失的联系也是无法填补的。人们通常可以理解别人得出的结论，但是在理解这种外来的观点时往往会缺少一种情感上的理解。而这会阻碍事物本应有的发展。这就是为什么经济学理论不能像英国那样在德国也扎根发展，为什么这些观点会遇冷，不受欢迎。这些观点可能从一开始就不算是纯粹的经济学议题了。

然而，也有令人欣慰的一面。任何一个国家的人都不如德国人对政府以及政府机关抱有极大兴趣。这一议题在德国人的知识领域占据主导地位。此外，这种独特性要比初期表现得更为重要。德国人不仅更多地思考“政府”，而且他们对这一术语的理解也是极为不同的。他们的观点与英国人或法国人相比，是基于不同的前提而形成。对德国人来说，政府就是德国领土上的君王与其官员。新生的政府部门不仅是最重要的国家财产、文明进步的重要因素，也会自我消亡。因为就当时的情况而言，如果没有政府部门，日常生活中什么事情也做不了。所有出现的科学思考都是围绕着政府而进行的。[1] 德国的行政法某种意义上类似于经济学在英国扮演的角色。如果英国人自己关注经济学，那么结果就是社会经济学说的诞生，而在德国则是政府经济学说的诞生。在我们所讨论的那些英国学者当中，商人服务于商人的利益，而在德国，政府官员则服务于政府官员的利益。当然这种合理性也仅存于我们所讨论的范围之中。这里，我们将不再深入讨论，但必须要强调的是作为德国政府学的分支学科，它的呈现方式受这些因素的影响；它的指导性原则也受这些因素影响，于是诞生了财政学。

这一学科多少还是属于专制主义领域的管理学说。国王的利益决定了整个生存环境，作家的创作也是紧紧围绕着国王的利益。深入了解这些事实不仅是为国王理政出谋划策，也是为不同政府机构职能制定规则。政治工作的复杂性一开始就需要被考虑进来，但是个别问题只是整体的一部分，不是我们所关注的问题。最主要的是对重大问题的系统分析，系统分析法至今仍是德国研究经济学的特点。总之，学习公共财政以及教师的基本态度促进了德国的经济学发展。即使是在今天，人们很大程度上会把这种特点的产生归因于财政学家的准备工作。在整个体系中，我们需要



---

① 在德国，人们倾向于把英国盛行的观点看作是一种缺陷，并借用塞缪尔·约翰逊博士的对句来表达：

世人所求非常简单，
但却操控在帝王或法律手里。

但是，这种观点的历史意义却比德国人热衷于政府的历史意义更容易被人理解。必须补充一点，反对“政府无所不能”这种普遍认识和强调社会事件的客观原因都具有重要的科学意义。

对所掌握的事实进行仔细的核查，有的是考虑到培养公务员的利益，有的则是为了开展讨论。虽然很多讨论并没有深入下去。

无论是对政府的基本态度，社会组织和政治组织的建立，还是政治学的基本原则，人们都是不加批判地接受，不再进一步地分析。在他们看来都是不言而喻的，毫无争辩的。然而，从资料的收集与整理来看，“政府的艺术”远非纯粹的经验主义。它使得知识分子有机会去参与管理，同时也反映并总结了前进过程中的每一步。我们不能把这些官房学派的代表人物看作是经济学家，并非是因为他们在经济学领域一事无成，而是他们在其他领域做出了重要的贡献。官房学派的先驱人物，如奥斯(《遗书》,1556)，里奥内森(《宫廷政治》,1622—1624)，以及奥布雷希特(《五个不同的政治秘密》,1617)，甚至塞肯道夫(《德意志王国论》,1678)的观点都反映出了他们并未对当时的经济学议题进行深入分析，也没有对类似的经济议题产生真正的兴趣。但他们的学术水平不低于当时的一般水平，实际上他们的方法要明显优于其他国家的经济学家。

谈到公共财政理论的发展史，有必要说一说塞肯道夫。他在其他方面要比贝歇尔(《政治家有关城市、农村与国家减少的真实缘由的讨论》,1668)和霍尼克(《奥地利享有特权的历史渊源》,1684)更有成就。贝歇尔与霍尼克两人也是非常重要的，因为在他们的学术研究中经济问题占有重要的地位。这两位大家虽然深受官房学派的影响，但并非真正属于官房学派。霍尼克的著作仅仅是对当时众所周知的商业政策的描述，而贝歇尔的著作则在经济分析上有很多有价值的观点，至少是朝着这一方向在努力。他尝试分析不同经济组织形式所产生的影响，如垄断组织，自由竞争

（多元化竞争）、特定特权下的竞争，来了解不同经济职业组织的特点及其相互影响。只有对这些专门问题开展详细的讨论才有可能得出有价值的结论。但是当时人们对经济学的普遍看法并不利于他们展开深入探讨。

其他的官方学派代表人物还有尤斯蒂和宋能非尔斯。二者著作中的学术思想并非原创，受到了国外经济学的影响，但是仍然是有进步的。他们对于国家管理经济资料的观点已经完全不同于传统的官房学派。尤斯蒂促使管理学[①]发展成了一门学科，其思想主要是基于前人的学术思想，尽管他对前人的学术思想秉持着彻底批判的态度。德国后期的经济政策也是从管理学发展而来（《管理学》第一版，1756）。就计划与日的而言，它与国富论的差别没有我们想得那么大，就清晰度与洞察力而言，两本著作不分伯仲。仅就管理方法而言，尤斯蒂的观点非常有价值，有独创性，但是就经济学议题而言，他缺乏对不同方法的训练与掌握，因为这些方法在他那个时代已经被丢弃了。这里，我们不讨论他所提倡的具体举措。这些具体观点确实是反映了常识问题，但是无法改变的是他的分析方法中的基本结构较差的事实，同样的还有宋能非尔斯（《管理、操作与财政学原理》，1765），他也是采用了同样的分析方法，并且他当时掌握的经济学理论要早于亚当·斯密，虽然他后来也引用亚当·斯密的文献，但是他没有理解他自己著作的重要性。虽然他根本不能算是一位极具创新智慧的思想家，但是他的影响



① 当时，德语中“polizei”一词的内涵比“police”更丰富，广义上来讲，它指的就是管理之义。——英文版译者注

力却一直持续到19世纪。他积极吸收外来思想，并服务于德国的需要。他能够辨别出哪些思想在德国是可以推行的，但是却没有独创任何新的思想。

在重商主义出现之前，法国这方面的著作是非常少的。法国政府似乎也不允许人们进行经济学讨论，进而限制了经济学讨论的深入开展。法国政府不想尽力去做，也不想像普鲁士那样去培训一批教职人员。在其他领域虽然有热烈的讨论，但是最能代表知识领域的学术圈对经济学问题根本不感兴趣，即使有也是比较勉强的。虽然布阿吉尔贝尔学术思想不多，但是他却独树一帜，可以与配第相匹敌。他在17世纪末，18世纪初出版了《论财富的性质》一书。这本书比他1695年首次出版的《法兰西详情》与1707年出版的《法兰西财富》重要得多。他的《论财富的性质》一书与其他不太知名的著作都表达了对当时错误观念的反对与批判。但把他看作是重商主义者的先驱是非常荒唐的，因为他身上并没有重商主义者的特点。此外，梅隆（《论商业中的政治》，1734）和杜托（《对财政与商业的政治思考》）都是经济学方面的专家学者，而沃邦、圣·皮埃尔和费内隆不能算是科学的经济学家，也不是经济学的先驱。他们主要讨论的是社会问题与政治问题。当时还有很多关于经济学的讨论。字典（如萨瓦里兄弟编纂的《商业词典》）的产生就直接证明了一点，即人们并没有忽略对经济学问题的论辩，但是在问题的分析上并没有多少进展。

在意大利，也存在类似于德国官房学派这样的一个学派，并且对后来的学派影响很大。我们很少能在卡拉法的著作《国王与良臣》或是16世纪中帕尔米耶里、伯特罗、马基雅维利的著作中看到

经济学论断。这一学派的分支学派在19世纪仍然很活跃，但是由于我们讨论的是经济知识的发展，所以这里不再详述。此外，我们发现除了保护性农业征税的问题外，在英国和德国存在的类似问题和争议最终都促进了经济学的研究。这些研究在两方面达到了当时的一流水平。意大利也在该研究领域做出了巨大的努力。首先要说的就是货币问题。这里，我们只提几位真正有科学成就的专家学者。16世纪有著名的斯卡卢菲(1579)、达万扎蒂(1588)，17世纪有著名的蒙塔纳里(1680与1683)，18世纪有著名的加里亚尼。达万扎蒂根据解释的基本原则精准无误地分析了所有的个体现象，这也使得他的著作成为了不朽之作。他基于使用价值的一般概念创建了金属货币理论，沿用至今。加里亚尼的著作(1750)读起来有点像现代的课本。这本著作体现了在这一领域的主要成就。货币理论也只是到了近现代才超越了这些著作。这些著作水准之所以高于19世纪的著作，就体现在他们是如何为了能将原理应用到货币理论而追朔经济生活中的基本要素。

其次，虽然无法与刚才提到的著作相提并论，但是这一时期的商业政策也促使了一些高水平著作的诞生。就像英国民众要求政府规范汇率一样，意大利也发生着这样的事情。安东尼奥·塞拉曾在其1613年出版的著作《略论以金银充分供应无贵金属矿王国的手段》一书中明确指出汇率本质上反映了贸易差额，并且深入讨论了决定贸易差额的影响因素以及贸易差额可能带来的影响。若就研究方法而言，孟确实远不及塞拉，因为塞拉的研究方法是科学的。但是在谈到一个矿产资源匮乏的国家如何大规模生产金银这一问题时，塞拉的整个分析就显得极为粗浅、简单。尽管如此，任何学者都不应受到指责，因为他们解决那时的问题要受制于那时的解决方法。这种方法要优于质询法，所以塞拉发现当时有很多人支持这种方法。在这些追随者中，值得一提的就是贝罗尼(1750)和杰诺韦西(1765)。杰诺韦西是一位非常独立的思想家，被称为主观价值理论的先驱之一。我们之所以认为这位思想家非常重要，是因为他试图创立有关经济生活的系统理论。

上述提到的学者有几个共同点。他们以及那些我们讲不出名字的学者形成了自己的学术团体。除了他们，以及威尼斯人圈(扎农、阿尔杜伊诺和坎西亚尼)，还有奥特斯，尽管他出生在一个威尼斯家庭。他于1744年出版了著作《论国民经济》。这本著作也让我们想到了詹姆斯·斯图尔特爵士[①]也属于这一学术团体的学术成果。这些学者们号称自己是经济学的创立者。经济学学科的时代已经来临，所有学科构建的要素已经具备，而接下来要做的就是解决尚未解决的问题。很多人都有此共识，并不断为之积极尝试。实际上，对我们来说，去研究这些人曾做出的努力尝试，并分析他们失败的原因是非常有意义的，但是我们不对这一问题进行深入探讨。我们只想强调的是奥特斯的尝试最终促使了经济社会学的诞生；后来的经济学家也引用了很多他著作中的思想观点，例如降

① 两位作者在其著作内容的编排与细节的处理上具有的相似性是显而易见的，也是非常有趣的。我们内心深处认为这可能涉及抄袭，但是由于两位作者并没有任何关系，因此这种相似性本身就是引人注目的，积极有益的。毫无疑问，曾经在英国待过的奥特斯受到了英国学者的影响。但这也只能说明在类似的环境里类似的因素产生了类似的结果。

低利润率法则、萨尔萨斯人口原理等[①]。意大利的经济学理论水平与当时的英国不相上下，但是到了18世纪后期开始下滑，此后很长一段时间都受到国外理论的影响。

我们目前极力避免使用“重商主义”这一术语，因为这一术语并不在我们所讨论的历史范畴内。实际上，我们所引用的所有著作都体现了经济体制为提高其权威性而做出的努力，所有的学者和政客也都理所当然地认为国家的经济政策是服务于国家目标的，他们从不讨论这一点。但是最初被孤立的反对派却在开展讨论，后来队伍不断壮大，逐渐占据主导地位。重商主义既不算是一个学科流派，也不算是一种学科理论，因为就我们对这个词的理解，那时候根本就没有流派。如果你能够发现那个时期一门学科成立后产生了某种影响，那么只能说明我们曲解了重商主义。它作为社会学科领域中的一种分析方法，重要性远不及其作为国民经济单位的一种创造方法。我们只对一个问题感兴趣：经济政策造就了这些著作的问世，而就著作中经济学的发展而言，价值体现在何处？重商主义学者的具体观点的合理性已被当时的境况所证实。虽然这种观点对我们没有什么大的影响，但是显然在接下来的一段时期内批判主义是不公正的。就他们所做出的尝试而言，这种观点不可能在任何情况下都是合理的。从其他层面来考虑的话，这些重商主义者的观点似乎又是值得称赞的。首先，他们被彻



① 可参见奥特斯1790年出版的《对人口的思考》。也可参见兰佩迪克的《奥特斯》(1865)，洛里亚的《威尼托研究所时期的奥特斯》第六十卷(1900—1901)，阿里亚斯的《奥特斯的失业理论》(《经济学杂志》，1908)。并不像有的学者所言，奥特斯没有什么特殊之法。

底误解了。他们因把财富理解为是对金银的占有而广受指责。但是如果在那些支持这种指责声音的文献里，我们可以用索引中的术语来代替“财富”一词的话，那这种指责就是无效的。[①] 之所以说这种指责无效，是因为他们在获得贵重金属的时候无法看到经济生活的最终目标，也是因为上述谈到的这种认识实际上本身就是毫无意义的。此外，这一时期的货币政策激发了人们的思考，在讨论中人们也发现了这一时期经济理论最为崇高的事业。

在评价重商主义学派，尤其是其重商主义理论时，我们应谨记他们曾经是这一领域的佼佼者。因此，对他们的批判与指责实际上是让他们名声更大，他们曾主张的贸易平衡理论就是如此。在我们讨论他们是否高估了贸易平衡理论的重要性之前，我们要知道贸易平衡理论的发现与建立本身就是一大成就，实际上它是迈向分析经济影响因素的第一步。后来的拥护者所有的观点主张都是这些重商主义者的观点，这种假设是完全错误的。到目前为止，大多数的观点在这些后来的拥护者的文献里已经可以查阅得到，这里不详述。只有了解不同声音，具备良好的学科训练素养（当时的学科已经成熟完善）才能将后来的学者与前人区别开来。但是他们总是否认，与之有关的还有另外一个学术成就：国家利益概念完全不同于个人利益，两者之间可能会发生利益冲突。毫无疑问，重商主义高估了这种可能性。无论我们如何看待这一问题，有一点是明确的，那就是只有重商主义做好充分的准备工作，才有可能

① 这些文献很少能像早期的重商主义批判观点一样便于我们理解。当发现这点时，首先就有必要将相当传统的重商主义者与立场不坚定者区别开来。如果仔细观察，会发现前者人数非常少，并且很早就一直支持重商主义学派。

证明所有的社会利益与个人利益可以和谐共存。他们并没有认识到经济生活循环流动的本质特性，甚至也没有正确认识到国民经济框架下的不同个体经济是相互影响的。但不管怎样，可以说重商主义学派发现了国民经济现象，并认为它是一种独立的、真实存在的现象。

# 第二章 经济循环流转之发现：重农主义学派[①]（亚当·斯密）

1. 经济学如同其他学科，源于个人对事实的观察研究，而这些事实对于外行人来说似乎是难题。只要人们还局限于这一研究，只要重要的经济学事实仍然处于本能性知识与实践性知识的黑暗中，那么科学分析就不可能发挥作用，不可能绽放自己的生命力。我们不可能建立一套基本的原理知识体系，专家也不可能真正做到这一点。就像是与这些事实进行激烈的斗争一样，我们必须要从错综复杂的事实中提炼出一套解释原理。要尽可能去理解一般语境，甚至是从某个具体的视角去理解它。这对解释经济学现象中更加微妙的作用与反作用是非常重要的。而科学则使得那些头



① 除了一般的经济学说史文献外，以下的文献也涉及重农主义体系，尤其是翁根和德尼：《论魁奈的〈政治学简明词典〉》（翁根）；《论魁奈的〈重商主义理论的形成与发展〉》季刊（弗兰克，1896—1897）（莱克希斯）；《重农主义学派的社会与国家》（甘兹伯格，1907）；《重农主义学派》（希格斯，1897）；《魁奈与亚当·斯密政治经济学的哲学基础》（哈斯巴赫，1870）；《杜邦·德内穆尔与重农主义学派》（歇尔，1888）；《18世纪的经济学家》（拉瓦格尼）；《重农主义运动》（佛勒斯，1910）；《重农主义的形成过程》（《康拉德年鉴》）（鲍尔，1890）；《一些被忽视的经济学家》，《经济学》第十三期（塞利格曼）；《对18世纪几个工资理论的研究》，《经济学说史期刊》（皮卡尔，1910）；佩万吉埃尔的博士论文《重农主义学派对生产力研究的贡献》，《魁奈的经济学说》（拉布里奥拉，1897）。除了基约曼的重农主义著作外，我们也会提及古特纳的版本。

脑清楚、知识广博的人去了解一般语境。在经济学领域，杰出的学者已经发现了这些一般语境，将此研究作为自己研究的重点，并把所得出的结论当作是经济学的核心。然而，是那些打破常规的重农主义者或是经济学家通过发现并提出了经济循环流转，为经济学分析进一步奠定了基础。这并不是说像定期播种、定期收割这样具有普遍意义的事实不为人知，而是说我们关注的是我们对这种现象的经济学意识与构想：我们要做的就是要搞清楚每一个经济周期是如何成为下一个经济周期的前提与基础。这不仅是技术层面的问题，而且通过归纳每个经济周期产生的结果，并使得整个经济社区的成员在下一个经济周期用同样的方式重复同一过程。我们要做的就是要搞清楚经济生产如何成为一种社会过程，它是如何影响个人消费，反过来个人消费又是如何影响经济生产的，每一种生产与消费又是如何影响其他的生产与消费；每一种经济能量要素如何在原动力的影响下周而复始地成为一种常规方式。只有借助于经济分析我们才能了解在社会发展过程中的经济生活，学者们才能研究普遍的影响因素及其作用，以及从纯经济学的视角去研究每个问题中所有必须要考虑的要素。如果经济周期仅被看作是一种技术现象，同时经济循环的事实又未被发现，那么经济学就会失去因果联系，也无法洞察到经济学内在的必要性与普遍特征。有可能把个体的交换行为、货币现象和保护性关税问题看作是经济问题，但是不可能清楚地观察到在某一特定经济周期整个过程会完全呈现出来。在重农主义之前，人们仅仅能理解经济体本身呈现出来的局部症状，然而这些局部症状让我们认为经济体在结构上是一种具有一致的生活过程和生活境况的有机体。正是这些局部症状让我们第一次看到了这一生活过程的分析。此前对这一问题的讨论都是些陈词滥调,而它们首次让人关注到了社会商品交换的内在运作机制以及运作机制不断自动更新的现象。

重农主义者创建了第一个真正意义上的学派,这一点并非偶然,因为要成立一个学派必须有完整的学术思想。但是经济史学家又很少能准确地说出究竟是谁创建了第一个学派。相比于其他的经济学家,弗朗斯瓦·魁奈很大程度上独创了这些学术思想。所有的核心思想及独具魅力的人格特征都集于其一身。他是经济学领域最伟大的,最有智慧的思想家。魁奈研究团队中,有的是他的学生,有的追随魁奈,后来成为了他的学生。这种情况在经济学领域也是独树一帜。最重要的人物及作品当属魁奈(1694—1774),尤其是其个人的影响力。在他零散出版的文献中(1888年由翁根整理编辑),最值得一提的是《自然秩序》(1765)。这本著作包含了他的社会学思想和《经济表》,其中的《经济表》系统地阐释了其基本思想。因为深深记得1750年的情形,所以当我们在思考这本著作的有关思想时,我们会发现没有任何经济学文献可以让我们这么近距离接触并了解这位天才。正如蓬帕杜尔夫人所预言的那样,大多数的批评家认为这本著作是积极有益的,是充满智慧的。

其弟子们的热情使得人们增强了对经济表的理解,最重要的是勒特罗斯纳(《论社会秩序》,1777),波多(《经济哲学入门》,1771),勒梅西埃·德拉·利维埃(《论自然秩序与社会政治的本质》,1767)以及杜邦·德内穆尔(《论重农主义或最有利于人们的政府的自然组织》,1767)。在魁奈去世后,米拉波成为了这一学派

的领军人物，并且创立了完备的思想体系。虽然没有得到魁奈的帮助，但坎蒂隆（《论人类的目标》第一卷，1763）有可能助其一臂之力。米拉波后期更多的是追随魁奈（《论人类的目标》系列卷，《论道德哲学或普遍经济与农业政治》，1763），但又不像其他的学者一样完全追随魁奈。杜尔哥（《关于财富的形成与分配的考察》，1769；《基金》，1769；《价值与货币》；《论谷物商业的自由》等）。重农主义者没有获得人们真正的理解，没有遇到真正能与之匹敌的对手。与福博内斯[①]的争论也是空洞无趣的，肤浅的就如同伏尔泰在《有四十个埃居的人》中的嘲讽一样。我们熟知的加里亚尼在其《对话录》（1770）中并未真正地解决这一问题。对法国临时废除广受争议的货币税的争论并未带来任何理论成果。孔狄亚克（《贸易与政府》，1776）也值得我们关注，这并非是因为他对重农主义的批判，而是因为他所取得的积极成就。马布利于1768年出版了《对经济哲学提出的质疑》，主要是对勒梅西埃的批判，但不能被认定为是经济学家，而莫雷莱之所以重要，也仅是因为他着力解决实际问题。[②]

大多数的重农主义支持者如同其对手一样，实际上并没有理解其学说的内涵。德国学者中令人称赞的有马格雷夫·卡尔·弗里德里希·冯·巴登·杜拉赫（《政治经济原理概论》，1786），毛维伦（《给多姆教授的一封有关重农主义的信》，1780）。像施勒特魏



① 参见翁根的《国民经济史》。福博内斯主要的著作是《经济学原理》（1767）。

② 瑞士学者海伦施万德不是重农主义者，而是他们的弟子（《现代政治经济学》，1786；《政治经济与人类道德》，1786；《政治经济学真理》，1797）。有关他的具体信息，详见《海伦施万德》（约尔，1901）。

因、施迈茨(于 1831 年去世)、克鲁格(于 1843 年去世)这样的学者与瑞士学者艾斯林也仅仅是掌握了一些皮毛。意大利的情况也是如此,像内里、贝卡里亚、费朗齐利以及韦里这样的意大利学者也只是采纳了他们所欣赏的观点。英国也有少量的重农主义文献问世。但是,更重要的是重农主义对亚当·斯密以及卡尔·马克思等一批学者产生了深远的影响。但是这种独特的体系并未使得重农主义者瞬间产生广泛的影响力。他们坚信可以赢得尊重与称赞,但是仔细观察,我们发现他们在巴黎公社上取得的短暂成功意义并不大。所有新诞生的理论思想在最初都会因为人们肤浅的认识而被摒弃,而这种认识在大多数情况下完全不同于新理论的内涵。许多读者都只是天真地看到人们对农业的称赞,并声称是这一思想体系的拥护者。本文不在此详细讨论重农主义者及其学术作品的情况。

如前所述,重农主义学说是自然法体系的分支学派,因此两者在研究问题的方法上是一致的。它不仅是一种经济学理论,也是一般社会学理论。这一学说由经济学思想组成,并且把经济学议题放在首要地位。但是我们只讨论重农主义框架下的经济理论。显然,这是分析方法所带来的成就:重农主义学派旨在通过普遍已知的事实来理解经济过程的一般特征,并不认为系统地搜集个别事实是有必要的。德尼把这种方法称之为归纳法,但和李嘉图的学说具有同样的理论意义。对于重农主义者以及所有的自然法大家而言,一种明确具体的经济秩序以及实际经济政策问题中的明确行为与该问题的经济学本质是一致的。这种经济秩序必须是可以观察到的、理想的秩序。重农主义者为此在寻求每一种可靠的甚至是最佳的经济秩序。这种经济秩序就是他们所言的自然秩序。实际上,这使得整个思想体系带有终极目的论的色彩,是不科学的。如果重农主义者在分析体系里运用形而上的观点或是任何具体的假设来得出他们的结论,那么他们的学说最终是不科学的,但事实并非如此。如果我们按照标准,丢弃这些观点主张,随便用一种观点来取代终极论,那么他们的核心观点就完全脱离于这些基本要素。因此,必须要将他们对事实的科学分析与他们的观点阐述区分开来。他们认为这种分析产生的结果就是在最优方案下的最佳经济秩序。[①] 一旦我们意识到这一点,意识到他们的观点是基于对基本经济事实的直接观察而形成的,那么寻求神学或哲学上的决定性起因就变得毫无意义。例如当魁奈在考察资本的性质时说:“走遍农田、作坊,看遍……”等(《贸易对话录》,戴尔,1846),他证明了其观点的科学性。无论他是否是自然神论者,无论他是否是自由贸易者,无论他是官僚专制论者还是自治论者,他都乐意这么做。这对他来说是非常重要的,重要到杜尔哥声称自己不再是重农主义者,因为他宁愿没有国王的存在。这对任何历史时期的思想家来说都是重要的,但是于我们而言,它是不相关的,也不会影响魁奈科学思想的重要性。正是魁奈使得事实分析成为重要议题,而像斯图亚特一样的同时代思想家主要是向政治家建言献策。



---

① 季特与德尼都谈及了重农主义体系的神学特点,并借此来阐释他们的学说。这也证明了很多经济学家对经济学中的哲学有着粗浅的认识与偏好。这一点在哈斯巴赫的文献中体现更为明显:两种不同方法的结合对一个思想体系内容的科学性来说是不可能做到公平公正。

重农主义者没有像古典学派的学者一样在自己的学说重塑真实事件,但是他们实际上已经意识到了这种分析法。他们认为这种明智的重塑法应该用非常准确的术语来表述。这些术语应该反映的是客观事实的基本模式,不受其他要素的影响。此外,他们在学说中描绘了一幅具有实际意义的理想蓝图。因此,我们需要谨记不同要素的贡献更多地出现在科学发展的早期阶段,因为重农主义者尚未对社会进步有充分的认识。这也使得人们容易将这种理论分析看作是一成不变的,是一种绝对理想,是完美的世界秩序的要素之一。但是如果他们能够认识到客观事实的可变性,那么情况就有所不同了。从这个角度来说,重农主义者创建了关于事物的经济学本质的学说,关于影响经济生活的学说。但是我们不能从其他层面来讨论重农主义者的自然学说,尤其是他们错误地理解社会领域的特征,把自然科学中的概念强加在社会科学上。这显得很不专业,容易让人对准确性产生错误的认识。他们的理论仅仅是尝试系统地思考每个人所积累的,作为其行为准则的一般知识,并尝试将所有知识统一整合起来。然而,这一时期,没有证据证明它们具有表面的相似性,或是只有在自然科学领域才可以实现科学训练。要想证明这种影响并非源于自然科学,那就要证明他们对每一种情况和理论的阐释都不是用利于自身的经济学理论来证明,而是归功于人为地对自然科学与心理学进行类比。

重农主义学派的确一直在坚持这种产生于 17 世纪的方法来讨论经济学,乃至整个社会领域的自然法则。为了理解这一传统的重要性,我们必须区分两点:首先,他们意指什么?其次,在一个半世纪之后,我们能从这些自然法则中发现什么?就第一点而言,

我们并不期待重农主义学派选择我们所接受的立场，因为这一问题直到今天仍有争议。首先他们对法则的认识受到终极目的论的影响。他们坚信在分析客观事实时，上帝的意志必定会将其传达给那些具有研究头脑的人。因此，在他们的法则里不仅有分析客观事实的原理，还有独立于客观事实之外的东西，那些人类必须要服从的东西。这些法则暗含了对人类行为的要求和一系列职责。重农主义学派并未理解自然的社会法则与自然的科学法则之间的区别。实际上，从同一个视角来看，后者对重农主义学派的意义就如同它们对牛顿的意义。[①] 其次，我们发现重农主义学派的这些法则正是我们今天所谈及的，并不矛盾，因为这些法则并非源于神学或自然主义学派。他们只是在创立这些法则后，借用神学或自然主义的形式来表达经济分析的结果。就他们的伟大成就而言，我们可以发现经济生活受到某些必然因素的影响，这些影响因素的一般特征容易理解。同时，我们也发现有因必有果，因此，我们不对这种分析方法的不足之处做过多的评判。况且那时的孟德斯鸠(1749)和杜尔哥的理论阐释更为完美。[②] 此外，这一时期有关方法论的争论已是非常普遍。许多重农主义的反对者认为重农主义学派的方法不切合实际，过于绝对化。加里亚尼更是在其对话



① “自然法则”这一术语并不一定指的是自然的“物理”法则，实际上，它与社会科学领域特征的认识并不矛盾，这一点往往会被忽视。即使有人说社会法则与物理法则本质上是一样的，但我们仍要追问到底指的是哪一层面。即使最终是站不住脚的，公平起见，一个人必须搞清楚在其观点的性质上，他的观点是否是错误的，或者他是否会允许自己受到自然主义错误的影响，虽然没有必要专门去指责他，结果也不会受影响。而那时，就其内容而言，他的结论是错误的、不合理的。

② 孟德斯鸠提出：“自然万物中的和谐关系”孕育了现代精神。在这里有必要提及古尔奈。

录中指出这些所谓的普遍法则对经济政策是行不通的。虽然重农主义学派的理论具有很高的价值，但是加里亚尼并未接受该理论，也没有接受源于该理论的具体结论。因为这些结论对加里亚尼是不利的。这种做法后来成了惯例，一直持续到当代。杜尔哥对重农主义学派的态度可以说是非常不喜欢，可能是因为他认为重农主义学派确立的普遍法则根本就不存在，而这些确立的普遍法则影响到了生活的多样性。当然，这种态度并非表明加里亚尼或杜尔哥站在了彻底历史相对主义的立场。因为两位学者本质上来说从事的是理论研究，立场并不极端。

3. 重农主义学派在不增加其他要素的情况下，凭借现有的资源构建经济循环流转的普遍模式。他们希望把经济需求与普遍环境结合起来，确立适用于各种经济活动的法则。他们带有个人主义和理性主义的心理，想法颇为简单。总结起来，就是希望用最小的努力最大限度地满足个人需求。于是，魁奈创建的经济学原理成了重农主义学派的源头。[①] 他们的社会学方法非常简单。他们认为他们所见到的社会组织，有的是自然的，有的是非常典型的。早期这种做法比较受欢迎。此外，高估所有的理性行为，心理分析法的不完善，以及原子论假说（强调在静态的语境下，从部分探寻整体）对于经济学研究来说并无不利影响。尽管我们无法深入探究这些因素，而这些因素也必然导致对现实的多方面讽刺，但是就我们最关注的重农主义学派的学术成就而言，也就是说，就其提出的“对经济事实的逻辑思考”而言，他们某种程度上提出了一些必

① 源于“以最小的努力获得最大的效益”这一观点。

要且有效的假说。但是我们并不是要在此基础上去创建一种研究社会生活进程的社会学理论。虽然他们对经济学基本问题的研究做出了非常有价值的贡献，但是就他们的社会学理论和对现实的具体观察而言，他们的观点都是致命的，更多的是在讨论“社会化的人”和“集体生活”。①

在这一领域他们取得了伟大的成就。长期尖刻的、不加欣赏的批判让我们无法去评估他们的学术表现，也无法意识到此后所有的著作建立在它们的思想基础之上。某些鲜明的特性一再被强调，似乎它们是重农主义学派学说的核心思想，而驳斥这种认识已是必然的。亚当·斯密的思想就是以此为出发点。我们最近才更加深入地探究重农主义学派学说中的经济体系。

尽管重农主义学派将个人主义与自然环境结合起来进行研究，但是他们对经济过程的总体研究，所采取的经济学观点归结起来就是非常重要的三大概念：循环、社会产品以及社会产品分配。循环一说已经是重商主义学派广为讨论的，但是这也仅仅是货币循环的表象。魁奈与其支持者最先解开这一神秘的“货币面纱”，并解释了一种不同的循环模式：他们基于“自然资源取之不尽”这一思想，指出在每一经济周期，大量商品是如何进入这一经济体，



① 在这种情况下，我们要问：首先，这一基本概念是普遍“正确的”吗？如果不是，那我们不再批判，但是会产生新的疑问：这种基本概念，作为一种有待验证的假说是有效的吗？难道不应强调要去孤立地观察有趣的真实因素吗？其次，如果并非如此，我们不禁要问是否这种基本概念导致的偏离是值得考虑的，或者是否存在影响其重要性的情况。例如，就理性主义假说而言，存在这样一种情况，即某些客观原因自成一说，并影响人的行为，即使这种行为并非是理性洞察或明确动机的产物。是否存在更佳的方式形成客观的观点？批评家不会因这些问题感到困扰，但是不解决问题的批判毫无价值。

然后到达消费终端，被这一经济体的不同群体所消费。这些群体具有特殊职能，同时商品传送的过程受到交换行为的影响。交换行为将这些不同的群体紧密联系起来。因此，一个国家的经济生活本身就是一个交换关系的系统，周期性地自我更新，以填补生产与消费之间的空白。在这经济周期内生产的商品被视为是时刻要进行分配的社会产品。

如今，我们对这一观点已是非常熟悉，并不感到惊讶。但是从方法论上来讲，这种观点所包含的大胆构想与创新是尤为重要的。这类社会产品实际上并非无处不在，其本身是人类人为创造的。但是这种理论的产生的确是为我们初次深入理解个体经济之间的互相合作与互相依赖提供了可能性。商品周期性循环的观点强调社会产品与国家财富的一致性，这种一致性使得国家财富这一概念变得更加精确。实际上，国家财富与生产之间的关系已经得到了非常清晰的阐述。这些基本观点传承至今，已经证明是非常有价值的，这些都可以参见阿尔弗雷德·马歇尔的学说。[①]

4. 国家财富正是在这一背景下产生并不断发展的。坎蒂隆曾在其 1753 年出版的著作《商业性质概论》中发表了独到见解：财富就像是食物、商品，抑或是生活的消遣品。当重农主义学派将财富定义为年度生产商品的总和时，并未考虑要进一步完善它。（魁奈的‘良性贸易’说，《全集》，翁根编辑）财富的动力与解释性原则，用勒梅西埃的说法就是日常需求。在此，我们不得不强调另外一个

① 菲利波维奇（第四卷第一册《概论》）认为分配这一概念非常不切实际，并用收入构成取而代之。但这并不会改变分配观点的历史意义与价值。

重要的理论:重农主义学派主张的资本性质与职能理论。在这之前并不存在阐述准确的资本理论,一方面是因为重商主义学派的错误严重阻碍了这一理论的产生,另一方面是因为此前并未对这样的基本经济因素作详细分析。这种分析方法对准确理解资本在国民经济生活中所发挥的作用是非常有必要的,而不是对日常生活中个体经济的重要性。魁奈与自己的弟子发现在生产期间,资本有利于稳固工人;挖掘预付款中的资本可以用于犁地耕种;年度预付款或是预付款库中的资本可用于生产方式的生产。年度预付款每年产生的同时也会在原始预付款的基础上产生利息。[①] 资本资产是前一经济周期中社会产品的一部分,确保了当前经济周期的生产,也是商品循环的重要组成部分。



重农主义学派眼中的发展用《概论》(巴登,1786,第 7 页)中马格雷夫的话说,就是更加高效的劳动力使得劳动力与消费更好地循环流动。高效的劳动力增加了生活资料,而生活资料的增加又进一步促进了人口数量的增加。而人口的增长反过来又提高了人类群体的需求,进而刺激消费。经济文明源于人们最初对食物的寻求(人们靠着土地上自然长出的野果为生),而寻找食物要消耗体力,这与生存消费是一致的。它代表的是得以生存的行为。因此,重农主义学派自然会讨论到“权利”与“义务”。虽然他们用自然法来表达他们的观点,但是实际上与我们的观点是一致的。

接下来,我们认为有必要详细讨论一下重农主义体系的特点,

① 这里的原始预付款包括用于人力培训的流动性资本。王室预付款是指国家在道路建设上的成本等。

因为在经济学说史上人们总是无法正确认识这一问题的地位。这些特点并不会影响上述所讨论的核心观点的本质，仅仅是从某一视角尝试去阐述而已，但是对重农主义学派及其理论而言意义重大。一旦我们确立了这些基本观点，并在经济循环中找到重点，那么我们会将视线转移到经济生活的循环流动的技术源头上。我们发现在每一个经济周期，有很多物质从自然界进入到社会世界，而这些物质都是整个群体直接或间接生存所需要的。在某种意义上，这些物质在一个社区内循环，同时物质的周期性替换也使得我们能将不同的经济周期区分开来。这种背离性的观点本身就是显而易见的，如果将其与有机物吸收营养的过程类比的话，魁奈必定会熟知这一点。我们完全没有必要用形而上学来解释重农主义学派为何要采纳这种观点，似乎这是不正常的、无法解释的。这种观察也是一种不可否认的"物理事实"，勒特罗斯纳称之为"社会利益"。

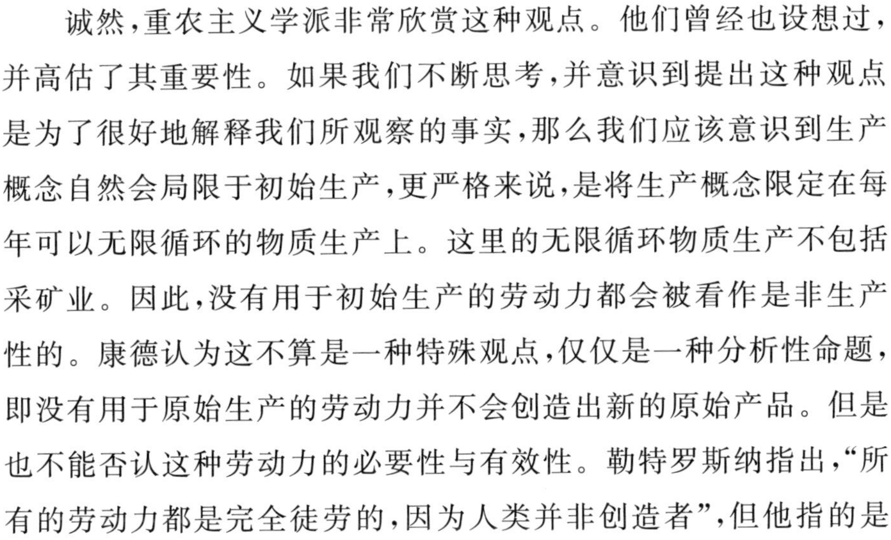

诚然，重农主义学派非常欣赏这种观点。他们曾经也设想过，并高估了其重要性。如果我们不断思考，并意识到提出这种观点是为了很好地解释我们所观察的事实，那么我们应该意识到生产概念自然会局限于初始生产，更严格来说，是将生产概念限定在每年可以无限循环的物质生产上。这里的无限循环物质生产不包括采矿业。因此，没有用于初始生产的劳动力都会被看作是非生产性的。康德认为这不算是一种特殊观点，仅仅是一种分析性命题，即没有用于原始生产的劳动力并不会创造出新的原始产品。但是也不能否认这种劳动力的必要性与有效性。勒特罗斯纳指出，"所有的劳动力都是完全徒劳的，因为人类并非创造者"，但他指的是人类劳动力无法创造新事物。就经济学而言，如果结论已经蕴含在其定义中了，那么这一点是具有相关性的。如果用上述观点来分析一个特殊命题，那么我们认为它是正确的。

一方面重农主义学派很多观点都是基于此，另一方面埋头于自己的学术主张时也会积极吸收其他的有益观点。首先，值得称赞的是他们借助于理论原理，将不同的阶层看作是有着特殊社会利益的群体，研究不同群体之间的互相作用，而不是像以前一样，根据不同的社会功能实证地区分不同的群体。这一学术成就与“分配”的方法论概念仍然是经济学的重要部分。但不幸的是，重农主义学派极力研究的那一部分结果表明不是最重要的。重农主义学派认为具有生产力的群体，例如在经济过程中投入劳动力和资本的参与者本身就是产品的一部分；反过来，他们将部分产品让渡给缺乏生产力的群体，例如工业阶级等。后者通过生产赋予产品价值，但是这么做也仅仅是满足该群体的消费。因此，他们并不会在真正意义上产生价值。具有生产力的群体用食物和原材料来交换工业产品，借此将这部分产品让渡给缺乏生产力的群体。由于后者通过与前者的交换获得了食物与原材料，他们让渡出去的价值同样到了前者手里。被让渡的那部分，即回到具有生产力的群体手里的那一部分是原材料。如果要问原材料的流转有何经济学意义，那么它堪比购买力的流转。这种论述存在漏洞，因为我们必须假设价值来回地被让渡，每一次的交换都是等价交换，否则交易中一方获得的价值必然是来自于另一方所遭受的损失。如果我们要讨论重农主义学派的根本性错误，那我们的视角就必须从原材料转变到价值上，而价值仅仅是商品里的原材料数量的货币表

现形式。这种错误对价值与交换理论是不利的，阻碍我们深入思考重要的现象。

产品中代表纯利益、用于抵消工资的剩余部分属于地主。他将部分用于维持并完善预付款，部分用于逃避社会责任，这其中最重要的社会责任就是缴税。剩余的则自己持有，或是又重新回到具有生产力的群体和缺乏生产力的群体中。而让渡给缺乏生产力的群体的那一部分又会回到具有生产力的群体中。因此这种循环是封闭的，所有的产品都需要支付费用，所有的年度预付款和部分初始费用已被取代。

纯利益是一个“理论怪物”，因为我们随便看看实际情况，便会发现它并不存在。但这不是事实，农业中存在纯利益这种观点是基于一种错误的理解。首先，重农主义学派设想的纯利益毫无疑问是存在的。正是原始生产使得商品世界有了很多新要素。其次，在重农主义学派错误的价值理论中有很多正确的观点和认识。通俗地讲，他们已经清楚地看到了在价格自由竞争的背景下以成本为导向的发展趋势，以及由此引发的问题：如何解释高于成本的利益波动。[①] 如果他们把这些利益波动归因于大自然的创造力，那么他们也只是看到了问题的一方面，不如卡尔·马克思。他们也混淆了劳动生产力与价值的增长。这也使得最重要的价值波

① 他们把成本价格看作是自然价格（如勒·特罗斯纳），勒·特罗斯纳将其称为“良性价格”，并对其积极评价。这里我们不关注其观点。重农主义学派往往把高昂的玉米价格看作是财富的象征。成本指的是种植者的生活费用，这也恰好解释了与当时普遍认识相反的一种观点：在重农主义学派看来，高成本意味着劳动者们较高的生活水平。

动，即企业家的利润问题没有得到解释。但是，就当时而言，他们为剩余价值理论奠定了基础，这一点并不荒谬。首先，他们敏锐地发现了不同群体间进行交易的趋势，以及这种交易的主要特征。魁奈曾说道："不同群体间的交易以及基本条件都不是假设的。任何人在思考时会发现它们都是效仿自然规律的。"(《概论》第60页)

他们同样在工资理论上也取得了很多成就。首先，所有的劳动者靠预付款为生这种观点本身就是一种工资理论。尽管重农主义学派没有准确提出这种观点，但是我们在此基础上形成的观点都已经融入工资基金理论中了。杜尔哥确实采纳了"工资基金"的说法，但他只是以普通方式来讨论，不具有工资基金理论的特点。其次，重农主义体系中已经出现了这种不同于常规的工资理论，同样是由杜尔哥首次明确提出的。重农主义学派不仅仅是接受同时期已有的理论，而且基于自身理论提出每个劳动者会把自己消费的生产资料的价值融入到产品中，同时，正如魁奈所强调的那样，劳动者之间的竞争决定工资。

他们的利息理论是最不成功的。在这方面，重农主义学派的观点是非常不利的，他们根本没有很好地理解这种现象。工业资本所获得的利润没有任何基础，从逻辑上来讲，这种利润通常是以纯利益为代价。米拉波在主张消除工业利息的方案中提出了这种观点。真正的重农主义学派认为利息唯一的来源就是土地中产生的利润，同时，随着工业的进步，纯利润也使得储蓄成为可能。后来，杜尔哥试图填补这一空白，对因供求关系而确立的利息率问题进行了准确阐述。但是他的研究并未深入进行下去。尽管他主张利息是临时使用价值单位来表现价格，但他在寻找一种更深刻的有别于其他重农主义学派的解释。他认为竞争让资本增加了利息，因为资本家会购买土地。这种观点源于重农主义学派的学说理论，虽然哈奇森的学说里已经有了这一观点。

商业利息仅仅是以其他伙伴为代价而产生的利润。有必要将重农主义学派使用的工业和商业两个术语区分开来，但这种区分从未得到彻底解释。就产业而言，如果说它不能创造价值，那至少是可以增加价值。原材料的价值与劳动者生产资料的价值在生产的过程中得以增长，它的有效性未被否认。尽管我们无法想象为何我们不能准确地探讨贸易，但必须要清楚重农主义学派将贸易视为恶魔，它既是万能的，也是受限的。但是普遍观点认为贸易会抬升商品价格，进而破坏正常的交换关系和经济自然秩序。

5. 尽管如此，整个重农主义学派本质上仍然代表着巨大进步。把失败归于某一方面并不会影响其整体的影响力。弟子认为其老师的某些思想是非常重要的，而实际上并没有任何价值。[①] 重农主义学派遭到了同时期及后期的研究者更多的曲解和一些肤浅的反驳，而不是客观公正的批判。大多数反对声，尤其是因质疑重农主义学派理论的反对声只会让那些反对者名声受损。整个思想体系的内在逻辑是不存在错误的，很多观点初次看到是感觉奇怪，无法理解，但是如果深入研究，就会发现这些观点可以得到很好的解释。

① 今天，人们指责重农主义学派的研究方法是“自然主义的、机械的”。而这种指责部分原因在于“重农主义”这一名称。

所谓的自然秩序就是对人类最为有利的一种境况。每个人在追求个人利益的时候必然会影响到整体利益。当这种观点用来分析经济情况时，它既是有价值的，也是错误的。这就如同说基于个人自我利益的自由竞争有利于实现效用的最大化。这种观点后来发挥着重要的作用，本质上与重农主义学派的立场是一致的。所有的群体都渴望纯利润的最大化，只有这样才能不断进步。于是产生了一种不同群体间利益关系的和谐观。对自由竞争所产生的影响的积极阐释不全源于自然法，而是源于对经济过程的分析。这也为重农主义学派解决问题提供了明确的方法，这里不详细描述。我们要提及的科学成就如下：不相信贸易平衡，拒绝接受一国货币的累积会导致价格上涨这一事实。[①] 魁奈驳斥了当时的普遍观点，即关税只是因外国而产生，并指出如果一个国家比它的敌对国征更高关税的话，在某种情况下这种强征关税对该国会是不利的。在这些观点中，重农主义学派更加坚信自由交换与劳动力的优势，坚信国家在生产与消费问题上对私人决定的干预是不利的。但不可忽视的一点是，尽管他们坚持这一原理，清楚其存在的局限，他们仍认为这对社会的生活过程是重要的，对国家（国家需要为道路建设提供王室预付款）、立法以及道德习俗（尤其是纯利润的利用问题）产生深远的影响。他们迫于当时的情况而强调之前的观点，但是在他们的体系里也存在后一种观点。那些具体的口号必须是简洁的、富有意义的，因此不可能太严谨。但这不是我们所关注的。

① 杰诺韦西等人也持这类观点，体现了向货币分析迈出了重要的一步。

他们的税收理论包含着一些非常重要的论断。在他们看来，这是因为贫困的产生具有任意性，是经济偏离正常轨道的表现，但贫困首先是当时税收体制的产物。如同其他体制，[①]贫困现象不是经济生活的一部分，也不能用人性来解释，而是因经济过程受到干预和外部干扰因素而产生的。因此，可以说如果抛开最重要的干扰因素，税收只针对纯利润部分，那么就没有什么重要因素会导致贫困。重农主义学派的税收理论首次系统地发现了直接征税的优点，这也是税收理论的理论价值所在。但是对土地单独征税不允许耗尽全部的纯利润，因为这么做会损害土地产权。鉴于纯利润用于储蓄，增加挖掘预付款以及整体发展的重要意义，这就意味着如果地主不愿意清理土壤，改善土壤状况，经济体制就会受到影响。这就像财产权如果受限，必然会影响个人的经济行为。由此，我们可以看出重农主义学派财产理论的核心思想，而这一理论的社会学方面以及源于自然法的思想（这里主要是指坚持"生来具有的权利"）不是我们所关注的。

在经济政策经典问题的讨论中，正是重农主义学派与同行的讨论才使得他们形成了自己不同的世界观，从他们的研究到党派争论。对于重农主义学派而言，有关法国谷物法的争论是最重要的问题。这不仅是经济学文献中的重要议题之一，也是日常人们谈及的话题之一。实际上，这也是经济学两大思想源泉的交汇点。人们从未能将实践家与思想家对基本理论思想的研究彻底分开。即使在讨论专门问题的文献中，两大阵营也总要被加以区分。现

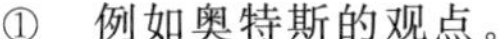

① 例如奥特斯的观点。

代经济学理论的基础就此得以确立。

6. 在这些讨论中,学者的声音不容忽视。公众对他们感兴趣,整个社会也需要新兴学科。但是要理解学者们系统而晦涩的思想体系,或是理解实际生活中人们开展的大量研究是非常困难的,并且价值大小不一,很难作出评判。因此,这一时期就要求专家将现有要素综合起来,使其更具有指导意义。这种综合法的产生是必然的,而非任意的:无论有多少人最后成功了,无论他们彼此之间有多不同,他们最终得到的结果是相似的。由于这既需要哲学-历史,以及一般的科学训练,也需要能对现有思潮,以及哲学以外的学术成果敞开胸襟,因此很难解决这一问题。

有两位学者显然符合这些要求,他们思想开放,适应能力强,非常独立。但是最后我们可能要说他们的研究工作比较表面化,因为他们一直专注于公众不感兴趣的研究领域。所有尝试过的学者无疑都困在这一点上,因为他们只能看到问题的一方面,或者说他们根本无法引起他人的关注。其中一位学者是杜尔哥[①],他天赋异禀,过去被人低估,如今得到广泛认可。因为只有当一位学者自身足够努力,他才能进入历史学家的视线。当我们摘下放大镜来看他的学术成就时,尽管我们所引用的观点在非重农主义学派的文献,尤其是当时的英国文献里也能找到,其成就依旧非凡。当

① 杜尔哥最主要的经济学著作就是1776年在《公民历书》上发表的《关于财富的形成和分配的考察》一文。杜邦(1809—1811),戴尔和杜萨赫(1844)出版过他的著作选集。有关杜尔哥的文献也非常丰富。重农主义学派也有很多研究他的成果:《铭文与信件研究院论文集》(迪皮伊·杜尔哥研究院),《杜尔哥传记》(巴特比),《杜尔哥及其生平与学说》(莫斯迪耶),《孔多塞与杜尔哥未发表的信件》(亨利,1882),《史密斯与杜尔哥》(费伯根,1892),《关于杜尔哥为何遭受偏见的反思》(马歇尔,1886)。

然，他的声名鹊起也是因为他的很多观点经过解释后变得清晰易懂。本质上讲，他是一位重农主义者，他把当时日常生活与学术界令其深受启发的观点嫁接到了重农主义思想体系中。但是他自己从未过多关注它们彼此的内在联系。他只考虑生计问题，没有进行深入思考。即使他意识了资本在生产中的重要作用，但是他更多的是反对这一观点。当然，他和哈奇森与洛克的发现方式是一样的。他洞察到了价值现象，但是观察力不如后来的孔狄亚克，更不如坎蒂隆和加里亚尼。我们已经提及了他的一些个人成就，因此有必要全面了解一下他是如何建立综合分析法的。从他信件里公开的宏伟蓝图来看，他笔下的著作有可能成为又一部《国富论》。[①]

7. 另一位就是亚当·斯密。他取得了前人无法企及的成就。[②] 他为了完成这一伟大工程，查阅了大量文献资料。他穷其一生完全掌握了哲学-历史学知识，较好地掌握了科学知识以及大量的法律知识。他积极吸收利于自己学术构建的各种思潮，他是除了约翰·斯图亚特·穆勒之外很少带有偏见的经济学家。他主要的著作包括《道德情操论》和《国富论》，而这只是他兴趣的一

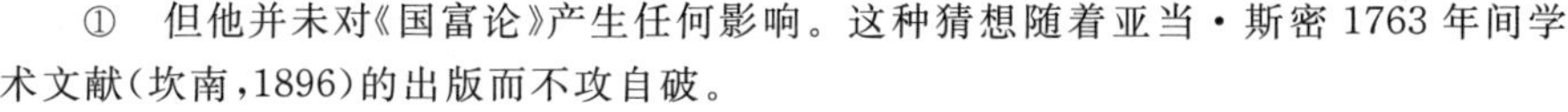

① 但他并未对《国富论》产生任何影响。这种猜想随着亚当·斯密 1763 年间学术文献（坎南，1896）的出版而不攻自破。

② 《国富论》是最为成功的经济学文献，于 1773 年首次出版，后由坎南编辑，于 1904 年再版。研究亚当·斯密本人的文献也很多。最早的有斯图尔特的版本，莱塞的德文版（1881），约翰·雷的英文版。研究亚当·斯密著作的有坎南编辑的《国富论》及格拉斯哥大学讲座讲稿系列，《亚当·斯密研究》（哈斯巴赫，1891），《亚当·斯密与其〈国富论〉的研究》（贝尔特，1858），《历史中的亚当·斯密》（翁根，1874），《亚当·斯密与自我利益》（泽伊斯，1889）。《政治学词典》与帕尔格雷夫的词典中也有研究亚当·斯密的文章。《国富论》已有多种译文版本、简明版本以及评述版本。

部分，其他的著作或文章这里暂不提及。在1785年的一封信件中，他还从哲学、历史的角度大谈特谈了不同的文学流派，讨论了法律与政府相关的理论及历史。在他任教期间，这些宏伟的规划并没有成为他的工作重心，没有影响到他全身心投入到他所进行的哲学研究，他丝毫没有放弃他已有的学术积累。作为一名教授与学者，他系统条理的思维习惯也让他在这一方面享有盛誉。他认真思索，坚信即使是用幼稚的方法也能总结出一套体系，或是从毫无细节的现象中总结出东西来。他没有因观点不同而感到困惑，没有被不同的观点牵着鼻子走以致最后无人能懂。他做事系统化、阐述平衡化，他不是伟大思想的缔造者，而是能够对已有事实进行认真研究，冷静理智地评判，整合他人已有的观点论断。正是这样一位头脑清楚的学者，在同样的道路上基于现有成果创作了他的毕生大作。



他恰如其分地向世人传达了他那个时代的精神，也赋予了那个时代最为需要的精神。再加上他辉煌的学术成就，最后造就了他的成功。如果他再深入研究下去，可能就没有人能够真正理解他了。他对观点的绝妙论述备受称赞，这不是恭维。没有人想要去赞扬或指责牛顿或查尔斯·达尔文，因为他们早已超越这些所谓的功绩或缺陷，然而亚当·斯密没有。曾有人轻率地将《国富论》与圣经比较，但很快就得出了冷静而公正的评判。亚当·斯密很少获得过党派的支持或憎恶，罗雪尔的书里也有相应的评价。如今我们对亚当·斯密的聪明才智不再抱有幻想，因为我们能够分清楚哪是基座，哪是纪念碑。《国富论》源于亚当·斯密1751年至1764年间在格拉斯哥大学举办的有关道德哲学的系列讲座讲稿,可以看出他是哈奇森思想的坚定支持者。1763 年出版以及后来问世的笔记都表明了他几乎没有改变哈奇森的思想体系。1764 年他把这套完整的体系带到了法国,与重农主义学派建立了联系。在柯科迪的那段平静的岁月里,他又补充了一些重要观点,而这也导致思想框架内的平衡被打破。我们不应忘记他在选择这些观点时在多大程度上是学术独立的、出类拔萃的,但实际上这一过程本身就是非常具有独创性的成就。此外,还要必须说一下曼德维尔对他的影响。他在 1705 年发表了一首训诫小诗:《怨声载道的蜂房》,以这样一种怪异的方式来阐述其深刻的思想,后来以《蜜蜂的寓言》出版,但是并未引起人们过多的关注。但就是借助于这样一种形式,他清晰地阐明了他的观点,即个人的自我利益在经济领域中发挥着重要的作用。现在有很多其他的思想来源,但是亚当·斯密的措辞表明了他受曼德维尔的影响尤为明显。最后,亚当·斯密也深受休谟与哈里斯的影响。[①]

在本书的下一章节会谈论到亚当·斯密的学说。这里我们只是谈论他的著作的一般特征。有很多批评家批评他在商业政策和社会哲学上的观点。他们甚至暗讽他的著作是在呼吁自由贸易和工业主义,抑或是暗讽他的著作只是假设性前提的应用。如果我们读一读他关于自然法的讲稿的前几句,不难发现他旨在构建一



① 但是没有受到杜尔哥或亚当·弗格森的影响。亚当·弗格森与亚当·斯密关系密切,这位爱丁堡大学的教授 1767 年出版了《文明社会史论》,1769 年出版了《道德哲学概要》。哈斯巴赫对其非常尊敬。他是一位优秀的学者,明确地阐释了自己的观点,但是他的思想不具有原创性,实际上是深受孟德斯鸠的影响。此外,可以说亚当·斯密只在劳动分工理论和税收理论上受到了他的影响,而不是这里所讨论的方面。

种理论，以便深入观察法律的特点与作用，进而得出一些具有普遍适用性的法律规约。同样，经济学领域对他来说也是如此，他把经济学看作是一门艺术。[①] 如果我们思考一下他的理论贡献，那情况就会有所不同。他对事实进行直接观察，其措辞的变化告诉我们他提出的是一个政治观点还是一个哲学命题，而不是那些曾经重要的外来要素。

他那时候到底采用的是什么方法？这很难说清楚，因为他研究的问题范围非常广。为了与自己的具体目标要求相一致，他有时采用分析法，有时采用叙述法。他会凭借自己的个人观察和具体经验来完善他的分析，有时也会将自己的描述与理论论证结合起来。因此，每一个方法论学派很容易将他当作是自己学派的一员。他身上特有的这种普遍性对他自己的目标来说是尤为珍贵的，但是当深入分析他所分析的这些问题时，这种普遍性便会消失。这也说明了他与后来的古典经济学家在方法论上明显不同，这一点已经多次强调。他的著作非常系统，如教科书般，不主张冗长的抽象研究以及细节的描写性研究。他的思想理论性极强，并以理论目标为主。他的主要著作中的核心理论观点和大部分的描写性事实都是服务于其应用、讨论及例证；一小部分是为了得出结论；还有一小部分是为了其自身利益而存在。前两卷主要描述经济过程，以劳动分工开始，着力解决货币、价格、资本以及分配问题。第三卷试图对理论与现实进行比较，第四卷主要讨论商业政



① 当然，他也把经济学看作是一门研究国家财富性质与成因的学科。这也很好地对他的题目“政治经济学”做出了解释。

策，第五章主要论述金融学科。最后几卷主要是涉及管理方法方面的内容。所有这些内容都有不同的价值。政府的目的等类似的话题总是会引起人们的质疑与猜测，但是亚当·斯密并没有就此提出过什么观点。但是他在纯经济学论述上的大多数观点都是积极的、客观公正的。当我们看待这些观点的应用问题时，高估他们的实践价值只会庸人自扰，往往会最先受到批评家的猛烈批判。

# 第三章　古典体系与分支流派[①]

1. 亚当·斯密1776年首次出版了《国富论》，而约翰·斯图亚特·穆勒1848年出版了《政治经济学原理》。此间涌现出的古典经济学家通常被认为是该时期杰出的经济学家。在前二十年里，学术发展平缓，多是对过去的反省与思考，缺乏创新。但之后发展迅速，李嘉图1817年出版的《政治经济学及赋税理论》达到了新高度。如此高水平的讨论持续了十到十五年，便陷入了低谷。穆勒的著作问世代表了一个短暂的恢复期。这一时期的起点是明确的，因为几乎所有学者都是以《国富论》中的事实与观点为出发点进行分析研究。其他著作虽未被完全遗忘，但他们的影响力已经逐渐消退了。穆勒的著作，就像是地面上任意隆起的一块高地，意味着经济学领域的终极目标。本章更多探讨的是一般思潮，时间跨度一直持续到当代，而非某一特定时期。实际上，我们不仅讨论一般思潮以及一般思潮下的不同思潮，而且也讨论受这种思潮影



① 这一历史时期鲜有专门的学术著作问世，但凡问世的著作都会引起激烈的讨论。主要的著作有《生产与分配理论史》第二版（坎南，1903），《马尔萨斯与其著作》（博纳，1888），《英国功利主义》（莱斯利·斯蒂芬），《有关李嘉图与蒲鲁东的社会科学论》（迪尔），《古典国民经济学与其对手》（舒勒）。上述提及的著作中对具体问题的探讨对本时期的学术思想产生了很大影响。

响的国家的发展状况，最后还要涉及这一时期的几种重要的思想逆流，尽可能在统一的框架下讨论。这种情况必然会导致某些方面被突出，某些方面被忽视。

2. 相较于学者，他们的学说才是重点。为了便于讨论，先列出以下学者及其著作。亚当·斯密学说最杰出的继任者就是李嘉图。无论他的学术道路正确与否，他都在其坚定的学术道路上走得更远。(《李嘉图选集》第一版，1846，约翰·雷姆赛·麦克库洛赫，格纳[①])紧随其后的是爱德华·威斯特1815年撰写的《论资本用于土地》，后由贺兰德编辑，并于1903年出版。让李嘉图学说不朽的是其极强的分析能力与真正的科学观，而非其观点多么新颖。尽管他有很多追随者，但是并未在英国形成主流学派。很难讲清楚他的历史地位，可能是公众出于对他的崇拜与敬仰，也可能是某人为了实现某种政治目的而引用了他的观点。他在欧洲大陆与美国的影响力非常有限。自认为是李嘉图弟子的两位学者分别是詹姆斯·穆勒。他于1821年出版了《政治经济学原理》，于1826年重写并出版了第三版。另外一位是非常多产的学者约翰·雷姆赛·麦克库洛赫，其于1830年出版了《政治经济学原理》第二版。虽然两位不应该遭受非议与指责，但是他们的确是没能解决那些亟待解决的问题。

---

① 《国富论》早期得到了广泛而深入的讨论，学者们发表了多篇评论性文章，出版了评论性书籍。这方面的杰出代表是1814年布坎南的作品。麦克库洛赫也以评论亚当·斯密的方式出版了专著。杜格尔德·斯图尔特也是因为评论亚当·斯密成为一位在世纪之交非常有影响力的苏格兰评论家。帕默斯顿也证实了亚当·斯密对他的弟子们产生了很大的影响。

他们要远逊于李嘉图，虽然引起了广泛关注，但是对于整个学派来说却是灾难性的。德·昆西和西尼尔要强于上述提及的学者。德·昆西最主要的著作是1844年出版的《政治经济学逻辑》。虽然他是一位极具才华的学者，但他的著作对公众而言重要性不大。据《大主教百科全书》记载，西尼尔1836年出版了《政治经济学》，他的很多理论都具有创新性。撰写了《论财富的生产》一书的托伦斯虽然并不属于这一学派，但他的著作也不应被低估。就经济学的内容而言，约翰·斯图亚特·穆勒的著作是直接受到了李嘉图的影响[①]，但就科学性而言，凯尔恩斯要超过李嘉图所有的嫡系弟子。虽然他也是以李嘉图和穆勒的学术思想为出发点，但是他提出了很多不同于前者的观点。他于1874年出版了《政治经济学新论》。穆勒的两位学生西奇威克和尼科尔森虽然受到很多新思想的影响，但是很大程度上还是属于这一学派的。西奇威克1883年出版了《政治经济学原理》第一版，而尼科尔森1893年出版了《政治经济学原理》。如今[②]，著名的英国经济学家阿尔弗雷德·马歇尔1890年编写了第一版的《政治经济学原理》第一卷，虽然他持相反的观点，但多少还是与重农主义学派有所联系，可能是出于对这一学派的景仰。马尔萨斯于1820年编写了第一版的《政治经济学原理》，1836年编写了第二版的《政治经济学原理》。从纯经济学角度来说，他与李嘉图的立场是完全相反的，之后会进行



① 福塞特1863年出版了《富国策》（第一版），理论基础是一样的，并且很长一段时间里影响力广泛，堪比穆勒。这两本著作在19世纪下半叶影响了英国绝大多数经济学家的观点。这种影响力后来被马歇尔所取代。

② 写于1913年。——英文版译者注

详细讨论。马尔萨斯作为一个经济学家，取得了很多成就，很多预言性观点被广泛接受。虽然这一点经常被人们遗忘，但我们还是应该充分理解他著名的人口理论。

有人认为他是天才，有人认为他是能力不足，这就显得很不公平了。他应该被看作是一位严谨认真的学者。查尔莫斯 1832 年出版了《论政治经济学》，被认为是马尔萨斯的嫡系弟子，这就像麦克库洛赫与李嘉图的关系。劳德代尔 1804 年出版了《公共财富的性质与起源的研究》一书。他与李嘉图持完全相反的立场。这种勇于尝试的学术研究让人感到遗憾的是他就像其他人一样也失败了，而失败的原因在于缺乏科学训练。

卡尔·马克思与卡尔·洛贝尔图斯虽然一般不被归于李嘉图学派，实际上属于这一学派。我们根据他著作的科学内容与经济学内容将马克思归于李嘉图学派，虽然马歇尔反对，但是我们遵从马克思本人的意愿，因为他自己也认为是继承了李嘉图的学术思想。这一点稍后再讨论。《政治经济学批判》问世于 1859 年，《资本论》三卷分别问世于 1866 年、1886 年与 1894 年，最后诞生的是《剩余价值理论》。洛贝尔图斯 1842 年出版了《关于德国国家经济状况的认识——五大原理》，1854 年与 1884 年出版了《致基尔希曼的社会书信》。他的基本思想反映出了他也深受李嘉图的影响。洛贝尔图斯对于德国经济学而言意义非凡，虽然他的很多结论经不起时间的检验，多数不太成功，但是他的学术态度和基本思想都产生了很大的影响。此外，他工作非常努力，思想具有创新性，他的理论都是他内心真实的写照。正是这一点使得他在当时德国科学低迷的时期里产生了长远的、决定性的影响力。在那段黑暗的时期，德国的冯·杜能也是一位闪耀的学术之星，于1826年出版了《孤立国同农业和国民经济的关系》。他的确是一位思想家。用边际的概念进行分析还要归功于杜能。[①] 这也是经济学向前发展最为重要的一步。他的基本思想也是英国古典体系的理论，与当时最高的学术水平不相上下。但是他基本没什么影响力，因为即使今天略微知道他的人都只是不太重要的方面，甚至是在他自己著作中所涉及的管理会计方面看到他的价值。[②]

冯·赫尔曼作为当时德国的四大经济学者之一，并非独树一帜。他1832年出版的《对财富、经济、劳动生产力、资本、价格、利润、收入与消费的国民经济学分析》是德国经济学领域的巅峰之作。我们不对这一时期做过多叙述，不是因为这一时期著作少，或者是这一时期非常不利，而是因为这些著作缺乏独立精神。我们认为无论是普通大众，还是这些活跃的学者并不接纳这一学科。而其他的学者，如果我们忽略掉那些受到重农主义学派影响的方面的话，就他们的科学观点来看，遵循了那些深受亚当·斯密早期思想影响的德国官房学派的思想。亚当·斯密在德国经历了短期的忽视之后大获成功。萨托里乌斯、勒德、克劳斯、施洛策尔、雅各布等一批德国学者完全遵循了亚当·斯密思想，构建理论并进行批判。索登1805年出版了著作《国民经济》。虽然这本书非常空洞，没有吸引力，但他声称有创新，并且目标远大。胡费兰德更是



① 李嘉图认为边际分析尚不完善。鲁克在1824年出版的《国民财富原理研究》一书中明确了边际分析的重要性。

② 埃伦伯格发现了杜能在商业生活领域的详细研究。此外，他也被称作是“实证主义者”。这一点的确如此，因为科学本身就具有实证性。他与李嘉图在这一点上是一致的。

如此，他于1807年、1830年出版了《国民经济新基础》。即使他根本没有深入分析经济学原理，但还是对此进行了讨论。洛茨1811年出版了《基本概念的修正》，斯托赫1815年出版了《政治经济学教程》。斯托赫与我们提及的法国学者基本属于一个层次。拉乌在1826年出版了教科书。敏锐的洞察力、天赋异禀的分析能力以及创新能力使得他能在这些学者的基础上不断发展，并超越他们。此外，还要提及的一位学者是曼戈尔特。他1868年编写的《经济学》并未完稿，而他死后出版的第三版中遗失的附录是他著作中非常重要的一部分。尽管如此，他的书还是值得一读的。可以看出，这些学者彼此之间联系密切，与德国最早期的经济学理论有着紧密的联系。他们渐成一派，尤其是通过赫尔曼，他们形成了鲜明的特色，特别是体现在他们的价值理论上。李嘉图对他们没有产生任何的影响。[①] 他们并没有充分理解李嘉图的思想，甚至赫尔曼都对李嘉图产生了很大的误解。此外，鲍姆史塔克对李嘉图学术思想的翻译错误百出，也是一大因素。后来，李嘉图的影响逐渐明显，这体现在狄策尔和瓦格纳的著作中。

当然我们讨论的只是一部分情况。有很多学者的成就并没有涉及，仅仅涉及有关公共金融、银行业或是相关话题的文献。历史学派也登上了历史舞台。在同一时代的理论家中，最著名的罗雪尔也并没有超越我们提到的这些学者。费希特1800年出版的《关闭国营贸易》不能看作是一本经济学专著，因为这对他那崇高而坚

---

① 尽管这一学派存有不足，但是他们有着自己的优势。即便是李嘉图的分析，长远来看，也并非是一直有效的。科学就如同狩猎，暂时的落后是为了下次更大的进步。

定的目标是不公平的。科学史上，浪漫主义学派唯一的代表人物就是1809年出版了《建国的必要条件》的亚当·穆勒。他与我们后面要谈到的李斯特，冯·谢芙勒，以及伯恩哈迪都没有彻底改变这一现状。[①]

法国的情况大致相同。整体而言，学术氛围活跃，但是这一学科的发展却相对平缓。在法国，人们对经济学问题的兴趣程度要高于德国。简言之，重农主义学派对经济学思想的影响已经消退，而亚当·斯密思想的影响力开始占主导地位。受到压制以及不公正对待的让·巴蒂斯特·萨伊不仅仅是一个普通人，也是一位非常有科学天赋的人，他在很多方面都对亚当·斯密的学说进行了补充。如果不考虑法国经济学的兴盛时期，法国的经济学在这一时期的确比德国更加富有创造力，更不用说那些会让人改变看法或自信倍增的论证方法和具体观点。因此，可以理解为何萨伊的学术思想可以在这一动荡时期能够完好保存下来，得以平稳地过渡到现代学术思想。罗西是萨伊思想的继承者，但更多的是沿着李嘉图的方向发展；杜诺瓦耶和沃尔科夫的著作也值得一读。舍尔比利埃的著作也非常重要，因为它在很多方面与约翰·斯图亚特·穆勒的著作有相似之处。库尔塞勒·赛奈尔的专著在1905年已经出版了第九版，至今广受欢迎。德斯图·德·特拉西影响



① 此外，不得不提的是洛伊斯勒斯，他于1871年出版了《亚当·斯密经济学理论的本质》第二版。两人虽各有特色，但是都比我们提及的这些人有天赋。诺依曼于1880在《图宾根杂志》发表了《自身利益影响下价格的形成》，1889年出版了《经济学基础》。他是一位非常独立的理论家，但是在这种背景下讨论显然是不公平的。杜林1865年出版了《资本与劳动力》、《国民经济与社会经济课程》，是李斯特与凯里思想的继承者。但是我们并没有在经济学领域发现他的独特之处，他的著作也未受到广泛认可。

力不及萨伊，他的观点虽然不深刻，在很多方面略显粗浅，但他是在更广的哲学背景下进行的研究，因此也值得我们关注。这一学派与之前的学派虽然科学基础不同，但是很多方面也是有着紧密的联系。人们还会想到弗雷德里克·巴斯夏。他主要的经济学著作是1850年出版的《经济和谐论》。他在很多方面都是一位非常独立的经济学家，至少他受到了不同的影响。西蒙·德·西斯蒙第也独创了一个流派。他主要的著作是1819年出版的《政治经济学新原理》。虽然他的思想起源于亚当·斯密，实际上很多方面他都有自己的风格。现在我们所谈到的许多学术成就，有的是体现了经济学原理框架下研究的独特性，有的则是不断探索经济学框架外的新领域。如果我们不阐释这一学科的发展，可能就无法了解到这些学术成就。还有很多名字暂时没必要提及。总的来说，这一领域非常活跃。这时期的法国经济学虽然经常被人低估，但实际上它不仅在不断修正不完善的观点，而且达到了一定的高度，确保其得以持续发展，而德国在这一点上是失败的。[①]

意大利学界从18世纪晚期陷入低迷，直到19世纪中叶才逐渐复苏。此前的意大利学界主要由“亚当·斯密主义”所统治。我们对焦亚、罗曼聂西、瓦莱里亚尼以及夏洛亚的著作所知甚少，过去人们对他们关注较少。而我们对福柯与卡塔内奥稍有了解。从新文艺复兴时期直到当代，要提及的是弗朗西斯科·费拉纳(《经济学家文集》前言)。他懂得如何充分利用凯里与巴斯夏这样极具

① 这一时期法国最重要的经济学家安东尼·奥古斯丁·库尔诺还未引起人们的广泛关注。他于1838年出版了《关于财富理论之数学原则的研究》，是这一学科最杰出的学者之一。他在价格理论方面做出了重要的贡献。

影响力的学者所提出的宝贵建议。博卡多 1853 年出版的《条约》，麦西达格利亚 1858 年出版的《人口理论》以及其他专著都与费拉纳持相同立场。此外，还有纳扎尼、兰佩迪科等学者。纳扎尼于 1872 年、1877 年、1880 年先后出版了《收入》、《利润》、《工资》。

美国学者在科学工作获得更大自由之后主要是遵循亚当·斯密的学术思想。在此之前，我们只能透过政治家的话语寻找到有关经济学的一般论述。最杰出的代表性人物就是汉密尔顿。此外还有雷蒙德与库伯，二者先后于 1820 年、1831 年出版了《政治经济学》、《讲演录》。在 19 世纪 30 年代，诞生了两大学术成就。首先是约翰·雷于 1834 年出版的《政治经济学问题上一些新原则的声明》，1905 年由米科斯特以题为《资本的社会学理论》的形式再次编辑出版。尽管本书多次引用穆勒和《经济学家文集》意大利文版中的观点，但是没有产生什么影响力。[1] 其次就是凯里的著作。他先后于 1837—1840 年间、1851 年、1857—1860 年间出版了《政治经济学原理》、《利率和谐》、《社会科学原理》。这些是他最主要的著作，影响广泛。虽然凯里从历史上和理论上来讲都不是很专业，但是他的思想与一个国家奋斗所需是非常切合的。他的这些学术思想对他的同胞们产生了更为深远的影响。

从学科方面，尤其是经济学方面来看，后期的多数学者都受到了汉密尔顿的影响。有的是支持其政治观点的，如科威尔、佩辛、史密斯、格里利、埃尔德以及理查德·爱德华·汤普森等，也有反



① 赫恩的《政治经济学》是否对他影响很大，让人不免感到疑惑，但是米科斯特认为它对约翰·雷的这本书影响很大。

对他的，如佩里、沃尔克等。与凯里学派同期出现的还有亨利·乔治所倡导的土地改革派，他于 1879 年出版了《进步与贫穷》，而其继承者冈顿 1888 年出版了重要的著作《财富与进步》。乔治以古典学派学者的思想为基础取得了巨大的成就，而所有这些思想都汇集在了弗朗西斯·沃尔克 1876 年出版的《工资问题》及其他著作中。他 1883 年出版的《政治经济学》是一本非常系统的著作，长期受欢迎。他也是一位精力充沛、才智卓越的学者，带领美国经济学走出了一条不同的道路。

3. 就我们所概述的这些思潮的发展而言，虽然各不相同，但是也存有几分相同之处。以李嘉图学派为例，虽然我们的认识还不全面，但是足以证明这一学派充满生机活力。19 世纪前 20 年的著作也是非常成功的，当时产生了多种问题与观点，这里不再详细阐述。但是这种成功常常被人忽视了。[①] 所有的学者为自己所取得的成就感到骄傲。认可他们的公众就像是迎接凯旋的战士，而不认可他们的公众却不知道该如何批判。虽然有人难免会扭曲、误解他们，但是他们的思想观点却非常深刻。马尔塞夫人 1816 年出版的《政治经济学对话》，与马蒂诺女士 1832—1834 年间出版的《政治经济学说明》表明即使在寄宿制的女子学校，也有人开始对这种绝对真理感兴趣。这都是可以理解的，并非是我们在开玩笑。当然，这种迷醉之后必然是清醒的状态。外行人所认

① 有人认为李嘉图的地位要高于亚当·斯密。这一点不难理解，因为李嘉图的研究更为深入，走得更远。但我们也要知道当后来人们质疑李嘉图的学术道路是否有价值的时候，亚当·斯密又一次受到青睐。我们不能仅凭这一点来对李嘉图的品性加以评判。

识的这种大众经济学实则是对科学经济学的夸张描述。虽然某些特定用语存在了很长时间，但是如果我们仔细想想那些被取代的思想，就会发现这一学科研究并不深入，必定会被更具智慧的思想所取代。

对我们来说，有两点更为重要。首先，这种大众经济学成为后期人们批判的基础；其次，科学推动力很快就消退了。在19世纪30年代，人们已经开始在科学著作的引言部分不断地抱怨科学思想停滞不前。这种抱怨是合理的，即便是李嘉图的弟子也并没有准确地理解他的思想，更别说在其基础之上创建新的思想。这种现状对于一门年轻的学科来说是非常危险的。如果这门学科一开始就变得索然无趣，那么为之努力的学者很快就会将其抛弃，这一点在学科本身与学科代表性人物之间并无差异。只有当基础足够扎实，并能不断延展的时候，这种思潮才能变得更强，而不是逐渐消失。但前提是那些领军人物不再打压其他人，批评家也能获得成功，尤其是当人们亲眼看见自己可以创建新思想的时候。因此，英国的古典经济学得以兴盛，而德国却在衰落，很多不幸的模仿者遭受敌视，传统的学术圈越来越小。所谓“传统”一词指的是那些一贯坚持源于古典经济学的经济政策的学者。这种学术抨击是合理的、可理解的，同时很快就会产生对这种抨击的回应。这种抨击的产生首先是因为有关经济政策的观点在发生变化，其次是因为一些反对者所使用的方法论原理不同。这一点在后面会讨论到。这种抨击部分指的是古典体系的理论框架，源于不同理论框架的反对者，也就说是源于新思潮的代表性人物。

另外，我们也发现英国的古典经济学家，尤其是李嘉图的声誉得到了恢复。这一点要详细讨论一下。不仅评价李嘉图独特的历史成就有必要，而且很多反对声按照当今的知识来看是不合理的，或者至少是反对声过犹不及。当然再评价也是有局限的。试图为古典体系中的代表性观点以及当今不被认同的观点辩解，并将其看作是一种更现代化的分析方法是极有可能扭曲我们对该学科发展的认识。如果有人谴责这些古典经济学家是非常蠢笨的话，会有人把这种批评看作是缺乏了解的表现。因此，我们采用一种方式去理解那些忠于现实的成就是非常有必要的。无论是在基于政治考量的观点之间，还是在带有倾向性的科学判断之间，我们都要慎重。古典体系中，李嘉图的《政治经济学及赋税原理》是经济学方面最难的著作，这让我们的工作变得非常艰难，很难把它理解透彻，更难将其阐释清楚，更别说对其进行合理评价了。

4. 尤其要清楚的一点是包括所有经济学大家在内的古典经济学家与先前和后期的学者相比，视野更为狭窄。亚当・斯密并非是要从经济学问题中创立一门社会普遍学科，即使是《国富论》也仅仅把其讨论对象看作是一个专门的学科分支，以区别经济生活的一般框架。李嘉图更是如此，他只是为了阐释清楚德国经济学理论中的交换理论，以及在交换理论框架下的经济过程的一般形式。当然有例外，最重要的就是卡尔・马克思，他不仅想要理解这种经济生活，也想要理解这种社会机制的发展情况。

总体而言，这一时期经济学家思考的都是一些相对小而复杂的社会科学方面的问题。所有的基本观点和结论都是紧紧围绕着这一学科而展开论述。无论我们如何思考这一学科自身的局限性，我们必然支持那些反对古典经济学家的观点，即使它们在社会学科其他领域可能会被削弱。况且，这种自身的局限性会产生专注，进而专门化，这也是发展进步的前提条件。因此，这种所谓的局限性从历史角度来说是合理的。不同学者给自己设定的任务不同，这也解释了为何古典经济学家在方法上存在差异，哈斯巴赫着重强调了这一点。李嘉图解决的是基本的理论问题，因此对我们来说是抽象的。亚当·斯密则是利用大量事实进行分析，因此是归纳性的。在理论问题上，亚当·斯密不如李嘉图精确、深刻，但在本质上两者的方法是一致的。亚当·斯密个人的观察仅仅是例证，并不是本质性的认识。其他方面的差异性主要体现在论述上。李嘉图马不停蹄地阐述自己的观点，而亚当·斯密则显得随性很多，实际上作为一名教授，他深知不应对读者或听众抱有过多期望。这种差异本质上来讲是一体的，但就其内在统一性而言，我们不能被这种方法所欺骗。①

在谈到纯粹的经济学学说时，有必要强调的是学者们要求将事实研究本身与应有的讨论区分开来，也就是说将该学科与政治学区分开来。这种要求很普遍，在德国有雅各布、胡费兰德以及拉

① 哈斯巴赫明确反对这种观点。他通过比较古典学者的基本观点后，拒绝“方法具有统一性”这种说法。不同学者论述的方法不同，观点自然不同。但就理论问题而言，熟知这些理论的人并不怀疑他们的发展方向本质上是一致的。就方法而言，人们经常以马尔萨斯为代表，似乎他与李嘉图的立场是对立的。这一点未经证实，但是我们认为他相较于李嘉图，所采用的方法是归纳性的，原因有二：首先，他在非理论领域，即人口领域用的是描写法，而他搜集事实也是为了证明他所采纳的观点；其次，他的《人口原理》也阐述历史事实。他思考问题和论述方法的本质还是“理论性的”，尽管他不像李嘉图那样地大胆、精确。这与二者不同的方法论立场是不矛盾的。（《李嘉图致信马尔萨斯》，博纳）如果两位学者要彻底探讨具体观点，必然会指责对方采用了错误的研究方法，这很正常。李嘉图对马尔萨斯失去了耐心，而马尔萨斯则认为他所不能理解的内容都是“太抽象的”，仅此而已。

乌等；在英国有马尔萨斯，他的《人口原理》是方法论领域的佳作；在法国有萨伊等人。麦克库洛赫强调主观判断，而西尼尔则完全拒绝这种主观判断。受到古典体系影响而形成的观点在当今也是被广泛接受，西奇威克在这一问题上的观点阐述得最为明确。他在其著作《政治经济学原理》引言中的观点与马克斯·韦伯在维也纳“社会政治协会会议”上的观点是完全一致的。但有一点除外，即学者们尚未普遍接受经济学是一门纯粹的经济学学说，也没有接受将经济学分析与政治学剥离开来。古典体系学派的反对者西斯蒙第等人并不能摆脱传统思想的束缚，因此无法准确理解古典体系的成果，无法摆脱源于古典体系的政治学观点，然而有些古典学者偶尔也会犯错。[①] 我们以萨伊与李嘉图对“政治经济学”的定义为例。萨伊最初在《条约》的第六版中给出过政治经济学的定义，但是在《财富的生产、分配与消费》中这一定义的简洁性遭到了破坏。李嘉图在《给马尔萨斯的致信》（博纳，第175页）中，将政治经济学看作是“对工业生产时不同阶级进行工业产品分配法则的研究”。这里所说的政治经济学显然与分配理论是一致的，也是对西斯蒙第等人站不住脚的观点做出了回应。因为他们过于强调那些影响分配问题的生产问题。西尼尔认为经济学是一门典型研究

① 例如，约翰·斯图亚特·穆勒反对“经济学只是服务于政治的机器”这种普遍观点。在希格斯编写的《杰文斯的经济学原理及其他论文》中，穆勒曾写信给洛维：“在我的朋友霍恩看来，政治经济学代表的是一些箴言而已。他认为政治经济学并不是一门学科，不是一种有效的理论性的阐述，只是一些无法消除的规则而已。如果不考虑时间，空间与环境，它连箴言与规则都算不上。政治经济学的作用就是为了控制我们所面对的任何情况，尤其是在两种状况完全不一致的环境下。政治经济学有很多对手，而最可怕的对手恐怕就是它的一些朋友。”

财富性质、生产和分配的学科。尽管这些观点很有价值，但是我们不应高估这种学术进步。就我们所讨论的话题而言，在早期的文献中我们也能将经济学与政治学区分开来。此外，我们也想引用穆勒的定义：经济学旨在探究人类互相协作生产财富这种社会现象背后的规律，因为这种现象不会随着目标的改变而改变。

这一时期的学者与后期的思想家一样没有避免"实际应用问题"，因为他们高估了自己论断的价值，以及具体问题的重要性。我们在这里不论述他们对于这一时期最重要问题的态度问题。只有一点是非常重要的，那就是曾经在德国流传的观点，即古典经济学家的理论只是服务于实际用途，这些理论因当时的政治争论而存在，政治局势实际上是决定学科思想的前提条件。这是正确的吗？可以肯定的是当代的问题与时事是经济学家关注的话题，他们所熟知的那些事实决定了他们的思想，就像任何阶段的学科都取决于当时的因素一样。最后，每个人的政治诉求也会决定他持何种观点。但是如果我们忽略科学工作的客观性，那必将是错误的，甚至是不公平的。这种客观性有三大标准：首先，我们能够证明所有学科教条具有学科关联性，也就是说每一个观点是如何在科学论证的基础上提出，每一种又是如何被这些科学论证所解释的，这些科学论证正确与否。我们后面的探讨可以证明这一点。无法预知也是体现了政治学与哲学中的"事后性"。①

其次，很多学者的具体结论根本无法从其理论前提中得出。一方面，结论的得出没有考虑前提条件，另一方面，歪曲事实的动机不足。这种潜在的歪曲事实可能是由于分析过程受到了实际用

① 坎南最著名的著作中也谈到了这一点。

途的影响。因此，我们可以发现李嘉图和马克思两位学者的科学理论基础是相同的，都是从地租理论出发，但如果忽略掉那些我们认为不重要的方面，两位学者在地主和谷物法上的观点完全相反。虽然凯里和巴斯夏的理论基础相同，但是凯里是一位贸易保护主义者，而巴斯夏是一位自由贸易者。亚当·斯密的理论体系通常被认为是单纯追求自由贸易，但是在美国也有贸易保护主义者支持亚当·斯密。我们不再举例说明，但要注意这些具体的差异并非因学者们所犯的错误和彼此之间不同的观点而造成。这些观点实际上是源于经济分析的中立层面，而具体的观点一方面源于具体的政治经济环境，另一方面源于学者们个人的研究偏好、兴趣以及个人的基本理念。

再者，古典学派的学者们支持的方案各不相同。[①] 如果考虑所有的国家，情况自然明了。就英国的古典经济学家以及其在欧洲大陆的支持者而言，我们可以得出一致的观点，即他们仅仅代表了工业中产阶级的利益。马克思本人使亚当·斯密与李嘉图免于受人指责。[②] 但是，穆勒比李嘉图经历了更多的社会变革，不仅限

① 社会主义学者经常谈及“资产阶级”经济学。卡尔·马克思在《资本论》第一卷的序言里首先指出经济学家认为资本经济体系是人类进步的终极目标，已经实现了全面进步，并将以自然必需品的形式继续存在。而像穆勒在内的大多数经济学家并不属于这一类人。但是马克思的大多数支持者用另外一种说法来取代上述观点，即政治上不是社会主义者的人在经济上就是资产阶级。而现在这一术语也体现了一种占主导地位的阶级态度，其很好地解释了所有的具体结果，尤其是那些不同于马克思的观点。

② 这对后期的学者就不公平了。如果从利润造就资本主义经济这一层含义理解的话，那亚当·斯密就是“工业主义”之父。而李嘉图就是股东，因为他错误地把这个世界理解成证券交易所，他认为值得人们拥有的东西具有高利润的特点。在经济学里几乎没有更为不公平的情况了。

于其被认定为是一位社会主义者的时期。麦克库洛赫极力支持劳工保护的合法化，而凯尔恩斯则批评资本家的利益。资产阶级通常会利用古典经济学家的所有观点，但是有的观点可能合适，有的则根本不合适。众所周知，古典经济学家本身部分地属于哲学激进主义学派，是现代费边主义的先驱，因此不受资产阶级的欢迎。当然我们并不期待他们会采纳后期的观点。尽管受到时间与国家的限制，但他们的实际地位相当于社会政治团体组织。如果事实并非全然如此，那么也只能说正是这种多样性才证明了他们学科基础的中立性。

5. 现在我们着重考察这一时期学者们的一般科学观点，进而描述经济学与其他学科之间的关系。在德国，教授因素占绝对优势，尽管四分之三的经济学家并非教授；在法国，也是大多数教授型的经济学家；在英国很少论及此事，因为像西尼尔、马尔萨斯、凯尔恩斯等教授在其学术文献里鲜有透露出自己是教授的特点。我们曾谈到的亚当·斯密与西奇威克则是例外。就算不是最为优秀的，那些学识渊博的德国经济学家的教学活动也因自然法传统与道德哲学而受限，尽管有的经济学家甚至是康德的弟子还受过良好的哲学训练。在一般定义以及对生活和国家的态度上，康德的影响表面上是非常显著的，但实际上对具体的经济学观点没有产生任何的影响。后文有必要讨论一下卡尔·马克思所谓的黑格尔主义。其他的经济学家多多少少对经济学做出了自己的贡献，比如杜能就贡献了一些数学运算。有的经济学家有着丰富的技术知识；有的经济学家谈及的历史知识有一定影响，但他们缺乏历史素养。然而几乎所有的经济学家都在管理技巧与法律领域做出了一定的贡献。有关国家公务员的态度和观点普遍盛行，但是那些经济学家对此接受程度不高。

我们并没有发现法国经济学家曾有过哲学训练，但是为此，我们则赞同商人的观点。我们惊奇地发现在18世纪的法国，国家与公务员的观点影响甚微，所以我们发现同样的情况发生在这一时期。这可以解释为早期的社会主义者和其他的革命派学者发挥着较大的影响力，对他们来说，还有更大的领地要去征服。英国的情况则有所不同，功利主义思潮已经与他们的学说密切联系在一起。与此形成对比的是，像里德与汉密尔顿这样的教授哲学家影响力微乎其微，甚至是作为边际经济学家及优秀教师的杜格尔德·斯图尔特的影响力也在逐渐消退。功利主义源远流长，但正是边沁使得功利主义变得影响广泛。它是自然法的分支流派，但是严格来说，只有我们对自然法的理解本身是可以接受的，这种观点才是正确的。有关自然法的假设同样适用于功利主义。个人摆脱痛苦，追求满足的意志是理性主义与知性主义的哲学与社会学核心思想。这种思想直白、肤浅，缺乏对推动人类进步与社会团结的根本理解。尽管这种思想有其固有的优势所在，但当代人憎恶这一点，后代更是如此。毫无疑问，许多古典经济学家的社会学思想都是源于此，并且追求满足自身哲学需求的方法也是相当谦和的。

詹姆斯·穆勒和约翰·斯图亚特·穆勒自称为边沁的学生和支持者，而这对约翰·斯图亚特·穆勒来说很可能是一种谦逊的说法，因为他后来由于某些质疑的观点而逐渐摆脱了边沁对他的影响。边沁也有一些经济学著作：1787年出版的《为利息辩护》，1798年出版的《政治经济学手册》。从这些著作中，我们可以发现他的经济学思想是独立于其哲学思想的，他认为对事实的经济学分析就像是被沙尘包围的云彩。同样的还有詹姆斯·穆勒，他是李嘉图的学生，但是除此之外，两人的关系则是完全相反。约翰·斯图亚特·穆勒也不例外。[①] 我们一方面发现经济学就是知识体系的一个分支，在这里功利主义思想非常有用；另一方面发现经济学的实际影响力真是太小了。古典经济学并没有成为整个哲学体系的一部分，哲学的基本思想也无法解释古典经济学。经济学著作中的大多数言辞并非不重要。总之，这样一种“知性主义”错误很容易让历史学家相信学者们通过广泛而深入的研究，以事前掌握的某种基本观点作为指导思想，并付诸实践。即使他想要为之，他也不能做到，因为他的分析会让他进入到未知领域，他努力获得的那些信念教条会变得毫无意义。他可以在完成分析工作后以教条的形式阐释其结论。当然，古典经济学家从未有此意向。李嘉图对功利主义的性质与内涵的认识是非常模糊的，他的具体观点也是纯经济学的，以经济学思想的需要为出发点的。

这里有两点要说一下。首先，有些古典经济学家才华横溢。重要的是，他们能够娴熟地掌握其他分支学科的知识，并最终获得各自的成功。在对他们进行评判时必须要考虑这一点。有人会坚称他们的视野狭隘，只能看到一小部分问题。这种观点实际上是站不住脚的。詹姆斯·穆勒曾经发表过有关联想主义心理学的文章，我作为一个外行人不做评价，但是他却产生了长久的、广泛的

① 边沁认为自己是詹姆斯·穆勒的老师和师傅，但他却认为詹姆斯·穆勒是李嘉图的精神之父。他只思考他自己的社会哲学，经济学对他来说作用很小，以至于都无法正确看待李嘉图的价值所在。

影响，在英国心理学史上地位显著。还有很多这样的例子，但是谁又能与约翰·斯图亚特·穆勒在这方面竞争呢？他的逻辑学体系和经济学一样长时间占据主导地位，这只是一方面的成就，我们根本无法全面了解他的智慧。为了能够充分了解边沁和卡莱尔，汉密尔顿和孔德，柯勒律治和圣西门，我们必须假定一个人能够敢于面对傲慢的评价。但是性格学以及动物行为学已经表明了这样的人是不可能的。他可能不算是这样的聪明人，他在经济学领域的作为也不具划时代意义。实际上在他出版了《政治经济学原理》后的十年间并没有继续从事经济学研究，这部著作也被人常称作是其年轻时的力作。在我们对他的品性进行评价之前，我们不禁要问，我们能否取得约翰·斯图亚特·穆勒毕生之成就的十分之一？

其次，经济学领域渊博的史学知识也是非常的重要。人们常常认为古典经济学家对历史工作心怀敌意，或者至少是无法真正理解历史工作。而这一不足之处确实是体现在他们经济学著作中的薄弱环节。但是，整个经济学学派有它专门的历史学家，最为著名的就是格罗特，这一点原则上毋庸置疑。有的经济学家在历史学领域也颇有建树，例如詹姆斯·穆勒曾出版了《英属印度史》。大多数的经济学家都有着非常全面的历史知识。卡莱尔曾把自己的著作《法国革命史》送给约翰·斯图亚特·穆勒以征询其看法；据说麦克库洛赫掌握了极少数同时代人能掌握的历史文学；西尼尔的日记也说明他对历史颇感兴趣。

诚然，古典经济学家对社会生活的整体态度是漠不关心的。虽然他们是一群充满激情的利他主义者，但是他们缺少了某种生活经历，也缺乏对不同观点的理解，而这些观点对政治判断和解决纯科学问题来说又是非常必要的。因此他们的绝对主义和教条主义思想让他们看起来像是僧院里的和尚。他们并没有意识到他们如此蔑视的“愚蠢的守旧派”或者是那些“猎狐者”虽然心存偏见，但却比他们更加了解整个社会现实状况。“猎狐者”这一术语在古典经济学家看来是一种污蔑性的评价。

6. 惠特利1837年出版的《政治经济学导论》第三版明确指出了古典经济学家在经济学领域研究方法的本质，即就摆在眼前的这一系列问题而言，充分理解这些问题要比收集尽可能多的问题更重要，当然也更难。因此，他们的学术成就是具有分析性的，也意味着他们的成就是演绎的、抽象的、先验的。他们的主要目的就是使得经济生活中每天发生的事情有条理、可解释，进而理解这些影响因素。为此，他们只强调对他们来说重要的因素，并试图设想如果他们不受其他因素影响，凭借经验就可以通过这些因素得出一些简单的基本思想的话，结果会如何。[①] 因此，他们孤立地观察事实，用抽象的方法来研究事实以至于我们在想我们是否考虑到了他们给自己设定的目标。对于那些特别重要的问题来说，他们依旧坚持用这种方法去研究事实，表达观点。无论他们个人关注的问题是有关流通的争议，还是济贫法，他们都不放过任何有用的事实。无论问题出在哪儿，比如就像前面谈到的时间、经验不足的问题，他们都会像马尔萨斯研究人口理论那样去做。尽管他们不

① 这种方法在他们看来并非是一种特殊的方法，实际上是他们的反对者认为这是一种特殊方法，准确来说是可以解决问题的方法，与日常生活中的观点并无区别。因此威斯特说到，其他情况一定不予考虑。如果要问他为什么，他可能回答说，因为它根本不起作用。经常提及“其他因素也应同等对待”的约翰·斯图亚特·穆勒同样会排除所有的非经济学因素，或者是未在考虑中的其他所有因素。

能清楚地认识到分析法的局限，但是每位研究者研究目的的不同也会造就不同的研究方法。他们高估了分析法的重要性，他们越认为这种方法重要，他们就越坚定地采用这种方法。分析法已经成为他们过于信任的研究方法。

尽管起初他们没有过多阐述这种方法的特点，但是很快反对声就传播开来了。他们只知道这种方法是抽象的，是不可能借助这种方法去洞察那些个体事件。李嘉图给马尔萨斯写的信也反映出他自己意识到了这一问题。我们无法确切地说只有那些可以用一般术语来理解的事实在他们看来才是重要的。他们说不清楚理论与现实之间有多大的差距，也不能完全意识到当今真实物体与人们所认知的物体之间的区别是什么。例如，他们认为自己已经彻底回答了许多实际问题。后来由于方法论让人有些失望，客观事实再次被仔细审视，直到人们认识到这些前提条件是假设性的，并制定了许多必要的限制条件。这在约翰·斯图亚特·穆勒、白芝浩以及凯尔恩斯的著作里有所体现。如果你听到有人说古典经济学家没有理解影响经济情况的决定性因素，那他这种说辞也是不准确的。白芝浩等经济学家后来声称他们只考虑资本主义经济，或者至少是现代交换经济，因此他们认为自己应与毕歇尔等历史经济学家享有同样的地位。在其他情况下，他们对这些决定性因素的兴趣是显而易见的。马克思将不同发展阶段的事实明确分开，并建立了不同的法则。[1] 但是有的阶段法则太多，有的阶段法

① 约翰·斯图亚特·穆勒也曾准确地区分过普遍有效法则和特定组织形式下的有效法则。因此说，他能够划分清楚纯经济学范畴与历史－法学范畴。但是把生产法则归于经济学范畴，把分配法则归于历史－法学范畴是不恰当的，因为两者是交织在一起的，生产会受到社会组织的影响，同时分配也会受到普遍需要的影响。

则太少。此外还有很多完全相反的论断，因此很难反映完全真实的情况。总体而言，古典经济学家良好的常识也会告诫自己不能使用原则上本就错误的方法，并且通常反对他们的观点都不是有理有据的。

就他们使用的方法问题而言，情况确是有所不同。我们常常惊讶于他们所认为的充分证据，也会惊讶于他们是如何愚昧地说他们满意自己给出的最佳解释。在论证的过程中有很多错误，即使是最杰出的古典经济学家也时常犯错。李嘉图就是典型的例子。我们非常认可他的伟大，但是我们不禁想说逻辑严谨绝不是他的强项，他也没有充分地思考某些问题。这一独特的方法也表明了所有年轻的学科领域在初期成功阶段所具有的特点：高估那些可以实现成功的方法；无法意识到现有的诸多致命性障碍。年轻无畏有其优势，否则在初期阶段就不可能取得进步，但是也给那些惯以托尔克马达精神来履行职责的批评家增加了难度。

此时，讨论经济法则已经常态化。但是这些经济法则也仅仅意味着影响经济生活流转的因素具有内在必然性。这种必然性时常被夸大，但即使如此，从历史角度来说，这些经济学家也应该因其反复强调这种必然性而受到称赞。不管怎样，这都不涉及“自然主义”的研究方法。如果有学者要将经济法则等同于物理法则，那我们是拒绝这种看法的，要知道这种所谓的等同观不会改变经济法则的本质，也不会成为一种客观有效的评论。接下来，有必要思考一下古典经济学家赋予“natural”与“normal”的重要含义。与自然法对应的“natural”术语偶尔出现，仅与“自由”等相关概念有关，不在经济学语境下使用。与自然状态对应的“natural”较为常见，但仅仅指的是最简单的环境。这并非说的是早期历史，或者就算是早期历史，那也是不相关的，因为它完全可以被忽略，不会对经济学观点产生不利影响。“natural”也可以指“显而易见的”、“明显的”，例如，资本很明显会应用在最有利的地方。“自然价格”、“自然工资”等术语中的含义也是最为重要的。后期的学者凯尔恩斯最先使用“normal”来表达此含义。它有两层含义：首先，由于没有任何经济以外的因素干预，因此一个经济体内的正常价格得以确立；其次，如果一个经济体的基本环境不发生变化，那么实际价格或工资率在长远来看就是相对稳定的。换言之，这似乎是市场真实波动的目标：围绕这一中心点的波动，与实际的市场价格不同。这并不是说一些经济以外的因素不能决定价格，除非其他方面也同时发生变化，否则任何此类干预都能确定价格，成为必然的结果。[①] “normal”也有其他含义，例如意指“usual”。异常的高工资可以成为“usually high wages”；它也可以指“一般的、平均的”(on an average)。

价格与收入的固定比率是所有比率问题中最有趣的。古典体

① 当古典经济学家指出工资不能人为提高时，我们必须要为其补充两点，即“在完全自由竞争环境下的自由商业经济”；“如果环境不会同时发生变化”。也就是说劳动力的质量不会提高，劳动力数量不会增加。此外，必须要解释的一点是即使提高了工资，一个经济体在生产初期也会剥夺劳动力的优势所在。当然，不全然如此，只是部分合理的。尽管强调这一过程的重要性有所夸大，也不能阐述清楚，但是具有历史意义。这一点后文会进一步讨论。的确只有历史学家会用这种方式来看待这一问题。对于同时代的学者以及后期的学者来说，唯一重要的观点就是工人阶级生活水平的提高在科学上来说是不可能的。他们向经济学家要面包，得到的却是石头。这么来看的话，经济学就完全发挥不了作用。

系关心的就是怎么来确定这些固定比率，换言之，就是研究平衡状态下的政治经济。这在当时已经是一种非常普遍的观点。这并不意味着古典经济学家会在形式或内容上遵循自然科学。起初，他们只是从静态的视角阐述经济学观点，后来增加了动态的视角。这两种观点以及两种观点的区别在约翰·斯图亚特·穆勒的经济学著作里有介绍，他的经济学观点主要来源于孔德。

这一时期已经产生了有关方法论的争议，我们在这里也会提及。[①] 理论学家互相谴责方法使用不当的确意义不大，而实际上其反对者在方法问题上也没有多大区别。但是也有一些反对者使用了不同的原理。英国的卡莱尔与柯勒律治为抽象的理论而争论，诗人华兹华斯与骚赛也在为此争论。我们只是提了一些比较重要的人物[②]，当然还有德国的亚当·穆勒等，法国的圣西门与孔德等。之前的学者这么做是为了表达对这些伴随经济学而产生的政治纲领的厌恶。这些政治性纲领被看作是普遍反对18世纪

① 请参阅马尔萨斯1824年在《评论季刊》发表的文章。约翰·斯图亚特·穆勒原则上是首次进行了证明，并在文章中维护这一观点立场。这篇文章写于1830年，于1836年发表在《伦敦与西敏寺评论》上（1844年收录在《论政治经济学尚未解决的问题》中）。

② 麦考利也有必要提一下。就理论知识而言，他支持当时普遍盛行的观点，他不喜欢激进的辉格党，不欣赏边沁主义。尽管他认可同时期经济学中最重要的原理，但是他也极力批评詹姆斯·穆勒对边沁宪法理论的解释，不过宪法理论的确有些荒诞。他这么做是为了反对使用普遍前提条件。但有趣的是他经常在其文献中高度评价政治学科的普遍原理，而从未提到过这些原理是什么。这些原理可能出现在30年代的辉格党的政治纲领里。他也认为社会科学是一门实验科学，一门基于历史经验进行理解的学科。后来，一些不愿被理论所羁绊，渴望一定自由的人士比较支持这种观点。欧文也曾说道：社会世界对他来说就是一个具有无限可能性的世界，在社会政策学领域可以借助于实验去检验这些可能性。

的思想与言行。而孔德只是受到科学动机的影响。他认为经济学是不可能成为一门专门学科,因为在他看来社会生活里的每一要素都是与其他要素密切联系的。他认为经济学本质上来讲是不科学的、形而上的。显然,他只是把经济学理论看作是不基于事实而进行哲学思考的产物。我们知道这种观点是错误的,也明确反映出了孔德并不深谙经济学知识。他就如同后期的批评家一样,只关注经济学学说体系中的基本观点。实际上,这些基本观点乍看具有"推测性",然而并没有认真考虑其本质与实际用处。他认为这些观点源于某种哲学体系,而其他的经济学观点则是从这些基本观点演绎而来。虽然在他早期的观点里,反对专门学科源于经济过程的普遍形式没有合理依据,但是他的观点还是较为准确的。曾深受孔德影响的约翰·斯图亚特·穆勒很清楚孔德的哪些观点是正确的,哪些观点是错误的。他曾试图支持孔德正确的观点,坚持经济学理论。但是他强调社会生活的"整体性",认为需要某种历史的方法来解决包括经济学问题在内的所有问题。孔德的研究方法与整个社会观与古典经济学家相比并不缺乏"推测性",实际上他的这些观点比古典经济学的观点更有益。因为他不仅仅是提出一些抽象的观点,还以有关人类发展的预想的基本观点为指导思想。他天真地认为人类发展具有统一性。这里我们不做深入讨论。他作为一名社会哲学家,彻底忘记了自己是实证主义者,但是他的学术思想在其他方面的重要性并未受到影响。正如他后来创立的宗教一样,他也创立了带有推测性的社会哲学。这种社会哲学并不是新生事物,其思想根源一方面来自维科的思想,另一方面来自孔多塞的思想。

7. 除了与古典经济学在形式上或本质上相关的政治原理，经济社会学的主要目标就是进行驳斥，而古典经济学家远远没有理解这一点。经济社会学描绘了古典经济学作品中的社会生活，也欢迎各种批判观点。在公众看来，这种与功利主义的不利关系对经济学的危害更大。古典学派认为所谓的国家只是那些具有不变自然特性的独立个体的附属品，他们因经济利益而团结在一起。就这些自然特性而言，经济学家认为每个个体都希望以最小的投入获得最大的回报。人们如此期待可以毫无障碍地运用这一原理，而这注定是一种理想化的形式。我们专门以反对的形式提出这些观点。古典经济学家把这些观点看作是猜想，其目的是为了远离某种思潮。如果最杰出的古典经济学家能够更加专业地看待这问题的话，那他会意识到这些观点除了经济目的外非常不充分。[①] 当我们必须要假设他们没有意识到这种不充分性时，我们要考虑到上述提出的观点对经济学来说是没有危害的。詹姆斯·穆勒论“政府”的文章以及其他话题的文章都可以表明他至少是坚决要考虑这些观点。但是反对者认为这些观点是对事实的陈述，没有有何用处。在这种情况下，此结论也不能被质疑。



我们无法对发生在十八、十九世纪之交的思想运动进行详细描述，更准确地说，所有这些思潮都是反对对社会生活的理性阐释，对后期的思想形成了破坏之势。这一思想运动部分来说是偏

① 公平起见，我们要说的是古典学派不是拥有不完善的社会学知识，而是根本就没有社会观。这并不影响经济学研究，但人们很难意识到这一点。假设我们把地球看作是一个圆平面，难道我们就不去对某一独特地形进行描述了吗？

保守的，但也孕育着新的思想种子。我们主要对这一运动的四大要素感兴趣：神秘要素、国家要素、社会要素以及历史要素。前三大要素的重要性在于领域与我们的关注领域不同。四大要素彼此之间联系紧密，但又不完全一致。它们有一些共性：它们蔑视古典经济学家对社会的夸张描述；它们蔑视古典经济学家所宣扬的利润分割；它们蔑视对伦理道德的忽视；它们蔑视原子论、机械主义、个人主义等相关思潮。"新神秘主义"是一种传播广泛的欧洲思潮运动，与宗教情感的复兴及神学中的反理性主义密切关联。"新神秘主义"的外在成功部分归功于神学。这一运动中心在德国。柯勒律治翻译了德国的思想，其次是卡莱尔。这一学派的重要价值体现在它们明确反对知性主义错误。虽然这一思潮维护了诸如神学、纯美文学领域的积极成果，进而成立了浪漫主义学派，但是我们不能说它在经济学领域的影响可以大到成立新的学派。它可能只是提出一种观点，严格来说这在当时都不太可能发生，它只是起到刺激作用，反对声音的调门高了些罢了。柯勒律治与卡莱尔对经济学问题一窍不通，因此我们不能指责他们对自己所驳斥的内容缺乏理解。同样，我们也要对国家要素谈论一二。当时普遍的观点是国家如同个人一样有其自身的特点，因此不可能成为一个统一的体系。我们曾在迪斯雷利年轻时的作品中看到过这样的观点。除了边沁身边的学术圈子外，所有人都意识到在国家问题层面，纯粹的经济学观点是全然无效的。在每一个国家，人们都有着一些共同的思想、情感以及性格，就像国家的山脉一样无法动摇。这就使得学者不得不面临着新问题，但是又无法解决。它与古典

学派想要解决的问题是没有任何关联的。

这些观点的确也影响了经济学学者，但就经济学观察与分析能力而言，这些学者是无法比肩古典学派最杰出的经济学家。经济学家尤斯图斯·莫泽就是诞生于18世纪的学者，于1774—1778年出版了《幻想爱国主义》等著作。我们对莫泽思想的敬仰并不是为证实罗雪尔对他的评价（《图宾根杂志》，1865）。

同属这一学派的还有亚当·穆勒和伯恩哈迪。亚当·穆勒于1809年出版了《治理国家的因素》，1816年出版了《试论资本理论》。伯恩哈迪于1849年出版了《对反对者的批判》与《大型与小型共有财产》。就根茨与哈勒的人格魅力来说，无论魅力有多大，分歧使得他们不同于普鲁士的公务员；无论他们产生的影响有多不同，就经济学而言，他们仍属同一学派。他们对古典经济学家的批评是错误的、肤浅的，他们缺乏对经济学领域的准确而深入的理解（伯恩哈迪[①]要好于亚当·穆勒）。然而他们都因发现经济社会学的核心观点而受到称赞。他们发现了柏克偶尔明显的观点，他蔑视启蒙运动时期学者的社会学观点。我们认为他们的经济学[②]"伦理－有机"概念是非常重要的，即一国文明与其内在需求形成了一个统一体。尽管两位学者对经济学做出了有限的贡献，但是他们展现了深厚的心理学功底。亚当·穆勒认为一个国家生产力

① 伯恩哈迪有时也因其观点而表现出一定的创新性与洞察力，例如，他认为工资水平取决于劳动生产力；古典学派理论的根本错误在于他们坚信只有劳动力具有生产性。

② 在美国同样有此思潮，例如雷蒙德。只有在这种情况下，伦理－有机观点与经济学理论是一致的。

的重要性胜过它为当前所带来的生产，关乎着未来的经济状况和完善的社会环境。这种观点也出现在了美国（参阅陶西格的《美国关税史》）和法国（参阅杜邦 1827 年出版的《法国的进步势力》，以及查布台尔的《法国工业》）。这种观点在弗里德里希·李斯特的影响下发展迅速。他于 1840 年出版了《政治经济学的国民体系》。李斯特认为古典学派所忽略的国家发展情况以合理的构想呈现，并首次被运用到实践中。而当代极力排斥浪漫神秘主义的商业人士能够充分理解这一点，尤其是在关税政策领域。因此，李斯特对经济社会学的贡献是尤为重要的，他认为国民经济是其历史条件下特有情形的反映。李斯特因其独创性地提出了四个发展阶段经济学学说而被大众广泛接受。他是一位非常杰出的经济学学者，取得了巨大的学术成就。他在德国占据着一席之地，就如同英国的亚当·斯密。他之所以在德国地位显著是因为其学说具有很强的实践性。而在理论性方面，他巧妙地吸收了在美国已是共识性的观点，也吸收了内布纽斯、施密特海纳、弗普勒等人已经公开发表的观点，并做了精妙阐述，实际上几乎无创新可言。他与经济学理论关系密切，积极为经济学发声，同时国外的经济学体系使其免于犯错误，遭误解，避免狭隘观，但是他在纯经济学领域的成就一般。他也不能被称为是历史学派的先驱，因为从其学术成果来看，没有足够的证据表明他与历史学派之间联系密切。这里的历史学派指的是研究经济学学说的历史。就其研究方法而言，他是第一位研究经济政策相关问题的学者；就其思想体系而言，他和凯里一样，是一名理论家。因此，分析这样一位大家总是显得较为尴尬，

但是必须要打破惯例，即科学重要性与实践重要性同等重要，议题观点与科学成就并无区别。[①]

在法国，古典学派的一般观点也遭到了众人驳斥。这里主要讨论的是西斯蒙第和圣西门。西斯蒙第指出古典体系的精神是令人反感的，对资本主义体制的厌恶使其遭到了更为广泛的社会批评。这种思潮使得西斯蒙第名声大噪，但是从纯经济学的角度来看又无从解释。他将其所受的经济学训练归功于亚当·斯密，但是他的历史学研究让他走上了不同的学术道路。他用道德观来抨击亚当·斯密思想的继承者，以及那些受其影响的人。而他所利用的道德观其实是对古典学派意图的曲解。该学术圈存在着一种幼稚的观点，即古典学派认为经济学会自动消失，似乎经济商品并未因人而存在，而是人因经济商品而存在。这种观点是由德罗兹提出的，其于1840年出版了《政治经济学》。西斯蒙第不是一位令人信服的理论家，他对剩余价值的论述不及当时的普遍观点，即资本主义社会里上层阶级的生活是以无产阶级为代价的。他也缺少充分证据来支持他的经济危机理论。但是他的著作至少为认识有别于古典学派眼中的经济过程提供了一些理论知识。他是否是历史学派的先驱取决于拿什么标准来衡量他。他与历史学派的关系就如同他与马克思的关系：历史学家绝对不能夸大这种既有的



① 如果有足够的篇幅，我们会仔细讨论洛贝尔图斯的观点。他强烈谴责古典学派将历史因素融入经济学一般理论，并赋予其普遍的有效性。历史因素在他看来是一个个组织形式所特有的。这种谴责部分得到了证明，因为在亚当·斯密著作的开篇之处就讨论过经济学范畴与历史－法律范畴的区别。但是洛贝尔图斯是首位明确提出这一区别的学者。卡尔·马克思与蒲鲁东的思想里也有此类观点。蒲鲁东于1840年发表了《何为所有权？》。

关系，否则最终的结果就是扭曲的。无论是历史学家、普通人，还是社会领域的政治家，诚实的品性如果带有社会同情因素，那么情况则大大不同。[①]

圣西门的主要著作有1821年出版的《工业体系》和1825年出版的《新基督教》。圣西门常被认为缺乏纯经济学优势，但是他的重要性并不体现在这一领域。他在很多方面的创新性与深刻的思想认识让他看起来更像是一位预言家。让人惊讶的是，我们后来发现他的很多观点都出现在经济学领域。他影响的不仅仅是社会主义者，还有约翰·斯图亚特·穆勒和舍瓦里耶。我们认为他对财产所有权的批判是非常重要的，它建立在社会制度是可变的这一认识基础上，远胜于蒲鲁东的研究方法。这里我们想要对这一话题多言几句，虽然这些学术成果不是在经济学领域而是在社会学边缘领域取得的，但是它在经济学文献中发挥着非常重要的作用和影响力。古典学派认为所有制是理所当然的，无须深入讨论，这和他们认可劳动分工与自由竞争是一样的道理。他们既没有将社会学深入发展为社会机制，也没有发展出令人满意的社会制度理论和社会组织原理。大多数人都坚信私有制是不可改变的，对社会是有益的，本质上来说是自然形成的。但是这种认识与他们的经济学观点是不相关的。当前社会背景下有什么样的私有制形式，他们就倾向于接受该种私有制，并没过多考虑不同形式的私有制。因为在他们看来所谓的竞争程度与一般商业人士的行为

① 这里值得一提的还有维伦纽夫-巴尔热蒙，其于1834年出版了《基督教政治经济学》。很多基督教经济学家追随他的思想。他的重要性完全体现在其政治信仰方面。

相一致。只有像约翰·斯图亚特·穆勒等少数学者在这一问题上的讨论不拘常规。他们没有根据职务来讨论所有制的起源。

在古典学派或其继承者的思想中，源于自然法的观点仍有广泛影响，而与之相关的普遍观点是包括不动产在内的所有财产都是劳动或节约的产物。马克思把这种观点称作是“适合小孩阅读的入门书籍”。这种观点最早可追溯至洛克的思想，后来广为人知。但是大多数的经济学观点并非如此。就土地的财产权而言，我们发现短语“appropriation of land”意味着同一事物被占有，从历史上来看，这种概念是正确的。关于土地财产权的问题，可以说亚当·斯密与其他人相比受到自然法的影响更大。而把其他形式的私有制解释为是节约的产物的话，情况更为糟糕。在某种意义上，节约的确是资本形成的前提条件。一旦所有产品消耗殆尽，它又不能创生资本，增加资本。这一点毋庸置疑，但是更重要的是要搞清楚最初从何处节约，并成为进一步的资本来源。在古典学派看来，答案如下：商品的原始积累是未来资本家工作的必然结果；不同于那些成为资本家的工人，有些工人以及继任者并不消费他们自己的劳动成果。这向我们描述了一个真实的经济过程，但也仅是其中之一。

圣西门、蒲鲁东、洛贝尔图斯、马克思的支持者等都反对这一理论。该理论最初解释了土地所有权，认为资本所有权是社会主导性组织中所有者地位的产物。正是这一地位使其有权利占有资本主义商品，或是占有劳动力为其生产。这种思想尚存至今，在很多当代的学者思想中仍有迹可循。但是后来的学者都受到了“财产是社会组织的一种反映形式”的影响。这一点在阿道夫·瓦格纳的“法学理论”中有明确的阐释。问题应该用经济学之外的历史学或社会学的视角来解决，而不是局限于经济学领域(阿诺德、勒图诺、费里克斯等)，但是这些讨论也对整个经济学理论之精神产生了影响。

8. 古典学派对“国家”的定义是不明确的，他们将“国家”分为不同的阶级：地主、工人以及资本家。这些不同的阶级是经济职能和经济利益的基础，但它们不是抽象的，与自身实际所处的社会阶层是相一致的。这就是为什么古典学派通常在理解“工人”一词时，不是说他们的收入一定要被认定为是工资，而是指体力劳动者，也就是说我们在使用“劳工问题”这一说法时能够想到的那些人。我们不是把他们简单地看作某个经济范畴的成员，而是一个社会阶层。西尼尔将“地主”称作是“自然物质的所有者”。资本家的本质特征就是雇佣工人，提供生产资料，改善方法以避免工人流失。

最初只有萨伊发现了企业的特殊职能，借此让他声名鹊起。后来的追随者中当属约翰·斯图亚特·穆勒。时至今日人们仍然分不清楚资本家与企业家。这些经济学家并未深入分析阶级现象，尤其是阶级的起因。他们也没有研究导致阶级变成统一体的超经济因素，尽管在这些因素里更重要的是阶级的形成。只有马克思曾试图去分析，其他的学者并没有在这一问题上有所研究。他的追随者也曾断言经济因素是阶级现象的本质。

社会学家以及施穆勒、毕歇尔等经济学家是最早对阶级现象进行研究的。凯里和巴斯夏曾试图证明在不同阶级之间存在利益和谐，但是亚当·斯密与李嘉图持相反的观点。这并不会形成鲜明的对比，仅仅是在个体事实上存有差异而已。阶级之间的关系是多样的，故而共同利益与敌对利益同时出现，强调哪一种利益取决于观察者的态度。马克思最早着力强调用阶级斗争原理来解释社会活动，而我们只有在早期社会主义者的文献中能找到相类似的观点。

古典经济学家所勾勒的经济过程一般情况并不缺少历史因素。这一因素只是为了与其分析目的相一致而顺便提及的。他们的经济学蓝图包括生产理论、流通理论以及分配理论。消费理论有时出现在流通理论中，有时出现在分配理论中。这一思想体系的雏形出现在亚当·斯密的著作里，到萨伊时日趋明确，同时也出现在德国。这一体系在此后的时间里占据主导地位，只是随着人们对社会学基础知识的兴趣提高而增加了一章有关经济形势的内容。如果一个思想体系的所有内容都已得到明确阐释，那么这一体系就不会继续发展下去，然而这些观点并非完全正确。在德国很快就在经济学学说与经济政策之间产生了分歧，或者说是普通经济学与应用经济学之间的分歧。这种分歧虽然没有得到太多的外部支持，但在德国占统治地位。生产三要素理论不仅出现在亚当·斯密的思想体系里，也要归功于萨伊。这一理论很快就在德国盛行开来，而在英国则较为缓慢。西尼尔最早提出的生产三要素包括劳动、自然物质与节欲。像配第一样的大多数古典经济学家认可的是生产包括两大原始要素[①]，抑或是只把劳动看作是生产要素，因此他们明确了生产者与劳动者。

这些观点的重要性因作者不同而不同，很难做出评判，因此不

① 约翰·斯图亚特·穆勒也持此观点。这种观点在欧根·冯·庞巴维克的影响下得到广泛认可。

深入讨论。这一时期的学者对"预付款"的认识仍是重农主义的，工人拿到的"预付款"和用于改善生产方式的"预付款"源于资本家，而不是源于地主。在德国几乎无人反对这种认识。他们也一直坚持对社会产品和产品分配的基本认识。就社会产品、社会收入、社会资本等概念的具体内容，有必要提及经济学学说的相关历史。还有一点，洛贝尔图斯(《资本》，pp.78、230；海尔德，《所得税》，1872)指责古典经济学家忽视了收入与资本的社会概念，只关注个人收入与个人资本，而不是将其看作是社会单位。这一点是不正确的，有关李嘉图的观点也是不正确的。约翰・斯图亚特・穆勒才是首位将"企业家的观点视角"引入到英国的经济学研究的经济学家，这最初也得到了法国人的支持。为了表达对企业家的尊重，这么做不是因为企业家的福利非常重要，而是因为企业家能够站在最佳的经济学视角去全面认识经济过程，以及他的深思熟虑能够成为经济学关系中的重要动力。此外，两种方法之间本质上并不矛盾。

古典经济学理论的指导原则是利己主义原则。只有少数学者明确地提出过，例如西尼尔和约翰・斯图亚特・穆勒，但是他们提出的方式有所不同。起初，我们在亚当・斯密的文献中把它看作是经济人的基本动力。亚当・斯密认为我们的面包不是来自烘焙师的仁慈，而是来自他的私利。莱茵霍尔德曾在《经济学动力》中提出过类似的观点。后来，利己主义原则性质发生变化，专指某种行为的理论，或是成了这一经济学原则的基本内容。早期普遍盛行的反对观点也没有削弱它的重要性。后期，利己主义原则也不再含有具体观点。这一经济学原则不会成为经济学体系中特有的基本内容，如果没有这一原则，也不可能开展有关经济问题的讨论。我们可以限制这一原则，可以从不同的角度提出这一原则，有必要的话可以从我们的论述中去掉。但是我们还必须要利用它，甚至是从历史的角度来阐述经济问题。土地利润减少法则与人口原理这两大理论是重要的，同时对古典学派认识经济学也是非常重要的。虽然这两种理论都不是纯经济学的，但是对经济学理论而言都是不可或缺的：前者提出的是技术性问题，后者则分析自然历史中的人类。

虽然我们已经在18世纪的科学文献中发现了土地利润减少法则（如杜尔哥、奥特斯等），19世纪初期的英国也有过关于经济政策的讨论（如坎南），但是我们看到的却是一种与之相反的观点，即农业与工业中的资本开支是随着每单位生产成本的降低而增加。这种观点在安德森、马尔萨斯、威斯特以及李嘉图的努力下广为盛行，但是这种观点里，农业与工业之间存在着重要的差异：利润减少法则适用于农业，但是利润增加法则适用于工业。我们在讨论地租理论时还会谈及这一话题，这里我们只想说农业中利润减少或每单位生产成本增加的观点在法国与德国学术界的影响力要小于英国。至今，对这种观点的抨击仍在持续，但只是偶尔进行抨击，并未取得成功。但是对于经济学来说，这种观点的价值远远大于讨论时所需的客观事实。

这种观点也因古典经济学家而产生了两种不同的内涵。首先，它旨在表达一种在任何经济体系日常运作中都可观察的一般事实。在生产方式不变的前提下，土地上进一步投入等量的资本或劳动都会导致总利润或净利润减少。这种局限性是必然的：在生产方式过渡期改进生产方式会抵消这种趋势。在古典经济学家,尤其是李嘉图看来,资本开支与劳动开支存在明显的对应关系。如果工人的数量翻倍,那么资本开支也必然要翻倍。如果抛开这种对应关系,那么我们就无法认同李嘉图的某些观点。古典经济学家充分思考了不同国家利润减少的程度,各种庄园,以及同一片土地上不同的种植物,但是他们假设所有的情况都是一样的。一定会有反对声音,但是并不影响问题的本质,甚至还有利于完善提出的观点。古典经济学家认为优质土地资源有限,所有土地上的生产困难会加大,这将无法改进生产,最终使得食物的生产面临不可克服的障碍。从它的第一层内涵来看,土地利润减少法则是理论论证的有力武器,但是从第二层内涵来看,情况并非如此,它只是预测未来可能具体发生的事情而已。但是在古典经济学派看来最重要的就是这第二层内涵。它所赋予的这种"悲观"色彩得以反复强调,同时也体现了古典经济学派对实际问题的态度。这也说明了他们为何强调确凿的客观事实,以及事物的必然发展,而忽略其他因素。

自古以来,经济学家就对人口问题颇感兴趣。同时也出现了两种不同的观点,一种是人口快速增长对国家强大、文明发展的重要性;另一种是人口过剩的风险(尽管对"人口过剩"的定义各不相同)。第一种观点一直盛行至 18 世纪中叶,而第二种观点那时还在流传。鲍泰罗[①]曾在 1598 年出版的《城市国家伟大和光荣的原

① 鲍泰罗对亚当·安德森影响颇大。注意要区分开我们此前曾提到过的詹姆斯·安德森。亚当·安德森于 1787—1789 年出版了《商业起源的历史推演》(由库尔布完成)。

因》中指出供养力在下降，而生殖力则维持不变。这种观点在重农主义学派中占主导地位。魁奈最早把人口增长看作是财富增长的根本动力，他曾说“大众受限于基本生存问题，因此试图逾越这一限制”。这句话道出了关键。后来他也使得米拉波接受了这种观点。杰诺韦西、杜尔哥、斯图尔特等人开始讨论这种观点时，奥特斯提出的观点已经被广泛接受。奥特斯认为人口会以几何级数增长，而食物仅仅是以算术级数增长。奥弗斯通 1859 年出版的《论文选集》中收录了汤森德的《论济贫法》一文。汤森德和后来的学者都明确反对控制人口增长。他认为济贫法立法时已经有了这种控制人口的思想，不计后果式的人口增长所面临的惩罚就是饥饿问题。

但这都不会降低马尔萨斯的主观创造性，因为他几乎不认识那些先驱人物，只认识华莱士。华莱士于 1761 年出版了《人类、自然与上帝的不同前景》，但是没有对这一问题进行深入讨论。[①] 1793 年戈德温出版了《政治正义论》，而马尔萨斯在 1798 年出版了《人口原理》以反对戈德温的观点。受孔多塞的影响，戈德温以神话故事的方式讲述了理想的人类文明的无限可能，以及人类思想的形成。在他看来人类思想本身是没有色彩的，思想的塑造受环境影响，因为所有个体本质上具有思想的一致性。无论是戈德温[②]、

① 华莱士与休谟曾就古代人口规模有过争论，而关于人口增长问题已在很多文章中多次讨论。这一争论也很大程度上影响了这一问题。

② 土地社会主义者托马斯·斯宾塞 1776 年出版了《全盛时期的自由》，是平等主义代表作之一。这里不对其进行详细讨论，因为其科学价值较小。还可以参阅古泽特的《土地改革》，安东·门格尔的《十足劳动收入权的历史探讨》，海尔德 1881 年出版的《有关英国社会史的两本书》，阿尔德对《社会主义工厂及其福利政策》的介绍，以及尼赫斯的《英国土地改革学说史》。

孔多塞还是像欧文等继承者，我们都不感兴趣，但是他们的学术成就是伟大的。当时无人能领会这一观点的基本错误，因为这些错误完全是蕴含在心理学以及社会学领域。这些理论基础与当时的思潮是一致的，他们被迫接受、认可这种观点，但是很快就遇到了困难，使得原本畅通的前进之路受到很多限制。马尔萨斯明确指出了其中的限制之一：人口快速增长，但是食物增长的空间很小。他最开始的言辞更是夸张：他认为罪恶与穷困是唯一的限制。后来在1803年的第二版中又增加了"道德限制"。该理论主张人口增长超过了食物生产能力，如果没有道德限制，最终招致的是罪恶与穷困。奥特斯采用的数学公式与马尔萨斯是一致的，但是马尔萨斯没有重视，因为它仅仅是对当时情况的大致总结。马尔萨斯的学术成就对我们来说，意义不同于它对同一时代的人的意义。他只是准确提出了当时已经存在的一种观点，而且这种观点相当普遍。达尔文曾说他从马尔萨斯的著作中获得了灵感，但这并没有为其增添光彩。他的一些重要观点并不是受到马尔萨斯的启发，而是源于爱德华·达尔文、布丰等人。

在评价人口原理对经济学的重要性时，我们需要将以下的情况区别对待：就古典体系的理论本质而言，人口原理根本不重要。因为即使抛开人口原理来看，古典体系也将会一直如此，不会发生改变。但是，就某些观点的准确性及实践价值而言，人口原理是非常重要的。在某些情况下，纯经济学仅能得出一般的决定性起因，无法说明事物的具体发展情况，例如工资率问题。这种情况下人口原理就可以派上用场，得出一些准确而具体的观点。但是只有当人口原理的局限性被忽视时它才能发挥作用。如果道德限制能有效地让人口经受住来自生活资料方面的压力，那么它就无法得出一些准确而具体的观点。约翰·斯图亚特·穆勒和麦克库洛赫实际上就提出过这类观点。但后来他们所犯的错误遭到了批评家的批判，批判观点广泛流传。而马尔萨斯已经考虑到了这一点。戈德温在1820年的著作中对人口问题做出了回应。但是食物生产空间有限性的观点很快就遭到了哈兹利特(《对人口原理的回应》,1807)等人的反对，他们极力否认人口增长超过了食物生产能力。[①] 有人也曾提出人口增长本身就带有补偿性因素，如更高的生产力、更合理的劳动分工等(埃弗雷特，《人口新理论》,1823)。这种观点现在也被广泛使用，但这种反对观点不是很合理。古典学派及其继承者坚持马尔萨斯的观点，但并没有超越马尔萨斯。持反对观点的学者这里不详细论述，后文会再次重复相同的观点。经过了一段时间的极力反对后，19世纪末期人们开始对马尔萨斯变得友好了很多。与此同时，他在经济学框架下讨论的问题也越来越不受关注。[②]



9. 这一时期理论的内部体系无法简要描述清楚，我们的讨论也不是完整的，也不全然准确。但要记住这一时期的理论家都是以亚当·斯密的前两本著作为出发点。他的思想体系在后期仍占主导地位。人们也试图将书中的大量事实与观点统一起来并深入

① 格雷(《国家的幸福》,1815)和萨德勒(《人口法则》,1830)主张人口增长与现有人口数量的比例相反。这种糟糕的观点总的来说不无根据，比起马尔萨斯的观点更可靠。但这本书并未获得成功，受到了麦考利等人的不公正的评价。

② 也可参阅加尼尔的《人口原理》(第四版,1837),约翰的《人口原理的最新发展》(1887),梅塞达格里亚的《人口理论》(1858),凯特莱的《社会性体格》(1835)。

分析。例如,后来只有穆勒对劳动分工问题进行了完善,只有一些思想家从不同的视角来分析劳动分工问题,尤其是民族主义学者。只有历史学派代表性人物重新修正过这一问题(如毕歇尔)。其他的观点完全没有发生过变化。亚当·斯密从重农主义学派吸收的观点,如专注年度的经济社会产品以及社会产品的分配理论一直沿用至今。但是在这一长久不变的框架下也有很多改变,尤其是分配理论。亚当·斯密精准地认识到了从市场价格中分离出自然价格是非常重要的,因为自然价格是市场价格波动的关键所在。在被问及哪些情况下自然价格是恒定的,他回答说,自然价格恰恰保障了在生产中共享地租、工资以及利润的人们再次进行同等规模的生产。因此自然价格可以分为三大要素,这三大要素形成了生产成本,同时三大要素的数量决定了自然价格的高低水平。因此也就有了整个社会产品可以分为这三大要素的观点,个别价格亦是如此。亚当·斯密在工资、租金及利润章节中讨论了决定价格要素的原因,而这些观点体现了完整的价格理论以及分配理论。这不只是简单,而是过于肤浅,以至于人们对此并不满意,他们试图根据亚当·斯密抛出的线索提示从本质上阐述这一问题。在所有的讨论中,分配问题是最令人感兴趣的。

两种思潮应区别开来。我们应该认真思考生产价格与收入多少之间的联系,阐述清楚价格要素与收入形式之间的对应关系。每一种收入都源于每一价格要素在生产中发挥的作用,也就是每一要素的“服务生产者”。萨伊领导的学派包括了大多数法国的学者,而雅各布、胡费兰德领导的学派包括了赫尔曼在内的大多数德国学者。在英国,它包括了劳德代尔,当然也包括马尔萨斯以及麦克洛德。[1] 虽然这对于利息理论而言早就是习以为常的观点，但我们把这种过程模式称作是分配生产力理论。虽然巴斯夏和凯里用自己的方式提出了这一理论，但最起码他们是认可的。后来费拉拉和美国学者佩里也认可这一理论。考虑经济学的现有地位，以及这一理论的内在一致性，我们要重点关注这一理论。但是，令人可惜的是，该理论的一些代表性学者的能力不足导致它错误百出。更为糟糕的是，这一理论变得不再那么重要。在此基础之上也没有产生一些简洁、准确、实用的观点。这一理论一直到约翰·斯图亚特·穆勒时期才被其他理论抢了风头，最主要的代表人物就是李嘉图和马克思。虽然任何一位公正的人都能认识到其基本观点的简洁性，但是这依旧发生了。



李嘉图是整个学派的中流砥柱，整个思潮的代表性人物。如果要想深入地了解他，就必须清楚有一个问题是他更为感兴趣的，即有哪些具体的纯经济学因素决定了不同来源的收入多少。严格来说，他没有创建价值理论或价格理论，只创建了货币理论；他也没有创建利息理论、工资理论或地租理论，因为他的目的是研究这些现象的本质特征。他意在提出一种决定工资、地租或"利润"的一般经济学影响因素的理论。他希望能够揭示在何种情况下，它们如何发生变化，它们与经济中哪些客观事实是相互关联的，如人口流动、玉米价格、资本构成与资本量等。他认为没有必要去解释那些不同形式的收入，也没有必要去深入研究形势已经明朗化的机

① 麦克洛德在1858年出版了《政治经济学原理》，此外，他也出版了有关信用与银行业方面的著作。

制，因为这种客观表现出来的机制本就可以观察到。为此，他希望能从那些互不相干的实证性观点中有所收获，例如一般的利润利率问题。虽然他的学说体系是立足于基本思潮，但是并没有真正形成统一的学说体系。他直接越过了其他学科早期阶段都会遇到的基本问题。这些基本问题可以被利用，但是他好像借助了当地资源。

他多数情况下还是比较满意那些不完全正确的观点。某种意义上，因受到他那些决定不同形式的收入的影响因素的干扰，产品价值与生产资料价值之间的重要联系被扼杀了。他认为自己这么做更容易，因为他的基本问题是不同的收入形式的相对数量，而不是产品的绝对价值与生产资料的绝对价值。这些基本论述也表明了他的观点。如果这是对他遭受抨击的一种辩护的话，那么还有很多反对的观点由此产生。尽管如此，我们也要指出李嘉图有时还是会情不自禁地讨论他所关心的数量的绝对规模。他自己没有意识到他改变了理论依据，甚至批评家更是没有察觉。下文将着重阐述这种思潮。

10. 亚当·斯密把价格的决定因素看作是理论假设的核心问题，即使在此后多年里依旧是核心问题。李嘉图一直在寻找衡量交换关系及其变化的标准。他认为如果一贯采用《国富论》第六章的论证，可能会导致循环论证。与此同时，他赞同第六章的第一句话，即在原始条件下，也就是在资本积累或土地所有权尚未存在的条件下，各种商品中包含的劳动力数量一定决定交换关系。他现在也独立研究如果资本积累或土地所有权实际上存在的情况下，情况又会是怎样的。首先，他要解决摆在他面前的两大难题。一方面，劳动力素质存在差异，因此他指出不同形式的劳动力最终会变成一种固定的价值关系，从而使得不同形式的劳动力归为一种“标准劳动力”；另一方面，他谈到了浪费使用不影响交换价值的劳动力问题，并强调了劳动力的必要数量或是常规数量（马克思称之为社会必要劳动）。他在这两个问题上是遵循亚当·斯密的观点。他所面临的第二个难题是第二原始生产要素的存在。因为他不认可第二要素是生产性服务，并认为生产这些产品是不需要支付租金的。换言之，他认为只有土地是不含租金，是可再利用的。李嘉图的基本交换法则把两种商品的交换率比作是包含在商品中的劳动力数量关系，这种法则不会因另一个生产要素的同时作用而受到影响。此外，他也试图简化分配问题，因为一种产品只须考虑两种不同的索取人，而非三种。



固定资本的使用在价格决定问题上会产生偏差。原因有二。首先，工资的变化会显著地以不同的方式来影响商品的价格。就可变资本与不变资本而言，不同的资本构成被投入到了商品的生产中。[①] 这种变化仅仅影响商品的价格，因为在生产过程中投入了“有机构成”（马克思）的资本。只有未受波动的那部分价格才是这些商品的价格，其生产价格与充当货币的商品的生产价格具有相同的有机构成。

其次，使用固定资本会延长生产过程，因此，经验告诉我们必须长期支付利息。由于这一时期的生产形式是多样的，因此与原

① 这是马克思的表述，李嘉图所使用的术语“固定资本与循环资本”并不完全相同，但这对我们所要讨论的问题没有影响。李嘉图自己也承认马克思的区分更为准确。马克思本人也是非常重视不变资本与可变资本的区别（可变资本指的是工资资本）。

始交换法则有所偏差。在理解资本主义经济的问题上，如果李嘉图意识到这一法则是无效的，那么它对于理解资本主义经济的意义何在？他自己给出了解释：原始交换法则在资本主义经济里是大抵有效的。他认为与决定商品价格的主要因素（也就是生产所需的必要劳动数量的变化）相比，工资的波动只会影响商品的交换率。此外，在必要劳动量相同的情况下，一种商品生产所需要的时间是另一种商品的两倍，交换率自然就比另一种商品要高。但是，总的来说，成本相同的两种商品也可能会有同等的劳动量。虽然李嘉图十分清楚一种商品的交换价值取决于生产所需的时间和劳动量[①]，但是他认为如果解释交换价值中发生的变化，劳动量因素更为关键。因此，交换法则体现的是一般事实，而无法依此法则解释的事实都是偏离这一法则的。商品中的劳动量，作为商品的"真正价值"，实际上是商品的交换价值指数，同时也发挥着"调节"作用。当然，劳动量的货币价值绝不可能等同于这一交换价值。

李嘉图从未主张劳动量不是交换价值的起因。穆勒于1826年在《西敏寺评论》上发表了有关贝利著作的书评文章——《对价值的本质、衡量以及起因的批判性讨论》。在这篇文章里他明确表达过这种观点。李嘉图的很多观点都是基于这篇文章里的观点而提出的。在评价这些观点时，我们必须谨记之所以做大量的假设是为了让经济过程被人认可。这些假设的设定者认为这一经济过程只能完全解释众多情况中的一种，即使是最为重要的一种情况。

① 李嘉图不否认还有其他因素会影响价格。只是他认为这些影响因素在多数情况下对价格产生的影响都是一样的，它们不会对"相对价值"产生多大的影响。

因此，有三点需要考虑。首先，在李嘉图的观点中，他的构想是否是无懈可击的。其次，他断言偏离其构想的都是不重要的，这种论断是否正确。再者，即使偏离他的构想，遵守他原始交换法则是否明智。或许促使情况发生变化的外部环境并不会改变资本主义经济的基本原则。如果李嘉图的观点只是在所有不同形式的生产都具有同等资本有机构成和同等生产时长这一假设性问题上是有效的，那么就不能说他的观点就是失败的。或许，可以说上述谈到的情况与其产生的影响都是在原始交换法则的框架下讨论才是有效的。这一问题暂不深入讨论。

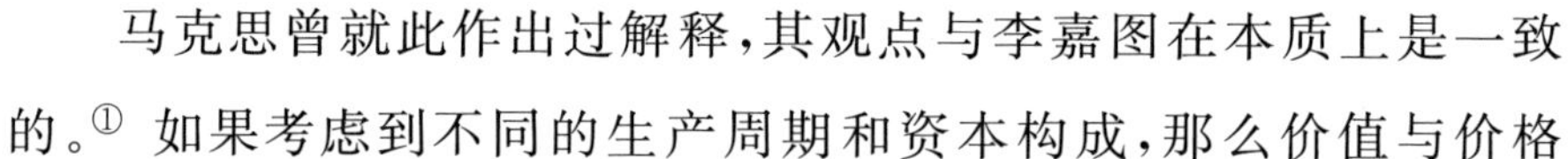

马克思曾就此作出过解释，其观点与李嘉图在本质上是一致的。[①] 如果考虑到不同的生产周期和资本构成，那么价值与价格



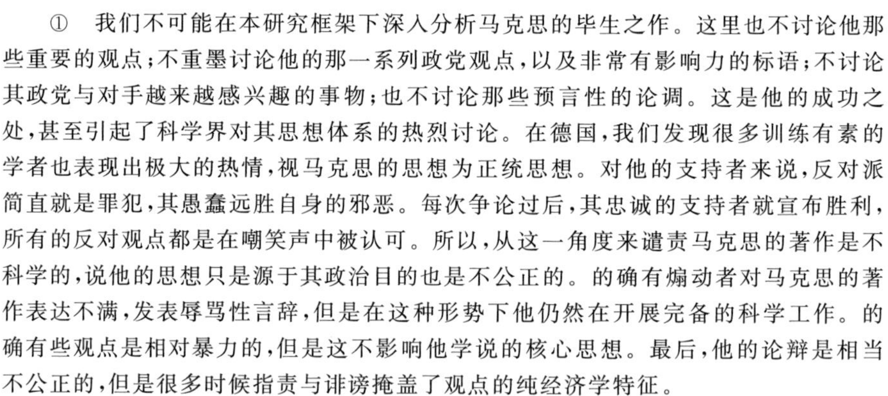

① 我们不可能在本研究框架下深入分析马克思的毕生之作。这里也不讨论他那些重要的观点；不重墨讨论他的那一系列政党观点，以及非常有影响力的标语；不讨论其政党与对手越来越感兴趣的事物；也不讨论那些预言性的论调。这是他的成功之处，甚至引起了科学界对其思想体系的热烈讨论。在德国，我们发现很多训练有素的学者也表现出极大的热情，视马克思的思想为正统思想。对他的支持者来说，反对派简直就是罪犯，其愚蠢远胜自身的邪恶。每次争论过后，其忠诚的支持者就宣布胜利，所有的反对观点都是在嘲笑声中被认可。所以，从这一角度来谴责马克思的著作是不科学的，说他的思想只是源于其政治目的也是不公正的。的确有煽动者对马克思的著作表达不满，发表辱骂性言辞，但是在这种形势下他仍然在开展完备的科学工作。的确有些观点是相对暴力的，但是这不影响他学说的核心思想。最后，他的论辩是相当不公正的，但是很多时候指责与诽谤掩盖了观点的纯经济学特征。

因此，就其知识的全面性来说，他的著作是非常重要的。许多爱好钻研哲学关系及其影响的经济学学者都致力于研究马克思与黑格尔的关系，认为马克思的研究方法是有些特殊的。如果马克思从形而上学思想中借鉴了思想观点或研究方法，那么他将是卑劣之人，根本不值得认真对待，但是他并没有。他在第一卷第二版的引言部分解释道：在他的研究中，他根本不关注形而上学的前提，只注重观察并分析事实，无论是真实的还是错误的。他只是喜欢采用黑格尔流传广泛的术语而已，他的论证方式也体现了这一点。这一点对他的成功是非常重要的。如果不是有些表述哲学色彩太浓，晦

有关这一问题就可以得到解决。价值指的是商品中劳动力数量的货币表达形式，价格指的是交换价值的货币表达形式。这也有助

---

涩难懂，他也不会产生如此广泛的影响力，引人深思。因为大众就喜欢这种风格。但是就他的观点的本质而言，这种“装扮”是不太相关的，因此很容易用不同的哲学外衣加以装扮。

马克思并不自欺欺人，因为我们发现他的所有积极观点都源于其他的经济学领域。黑格尔派很欣慰马克思用了辩证法，通过发展的概念来阐释发展变化的事实。黑格尔派的反对者可能看到了其存在的缺陷，但这不影响问题的本质。此外，马克思的方法也不是史学的。正如恩格斯所言，对于支持这一观点的人来说，不同发展阶段有不同的法则在发挥作用，马克思和古典学派都注意到了不同发展阶段之间存在的差异，但是古典学派认为这种差异更为重要。马克思没有掌握一种特殊的“客观方法”，因为这种方法根本不存在。本质上讲，这只是一种说辞，因为即使在马克思的著作里，每一个经济学观点既有客观成分也有主观成分。每一位经济学家尽可能做到客观，但是最终往往以失败告终。

在马克思的作品中，我们需要区分社会学的内容与经济学的内容，虽然他的支持者不喜欢这种区分。历史的经济学概念是马克思社会学的核心，这对很多学者来说是科学认知历史事件的关键所在。对马克思名誉的担心不是因为其他人对观点优先权的索求，而是他提出的“生产条件与社会组织之间的区别”这一新观点的准确性。但是这种观点，尤其是强调生产条件的原因，长远来看并不能证明就是站得住脚的。如果历史的经济学概念要考虑其他因素，那么就不可能产生一般的历史理论，我们需要详细深入的研究。但这不影响我们进行伟大的尝试，也不影响它在科学道路中的里程碑式的重要意义。

对我们来说，马克思就是一位非常重要的经济学家。如果我们尝试去研究他的思想基础，我们会发现他的主观创造性和其他的学者一样重要。对于一个有着同样才华，取得许多成就的人来说，前人的研究也是非常重要的。我们可以否认他的创造性，但是他有着最强的科学能力。现代的收入源于利息本质上就如同封建地主出租土地。不管这种观点正确与否，都会让学者称为具有科学智慧的人，即使他并未有过其他观点。在马克思看来理论分析是第二性的，并不厌其烦地对诸多细节进行研究。这也促成了他在德国的成功。当他的第一卷出版后，没有人与之在思考能力与理论之上相竞争。现今，以马克思为榜样的学生要比没有任何理论兴趣的学生更为优秀，这一点让经济学老师发现一种理论体系无论好坏，对其熟知都具有重大的教育意义。因此，尽管就马克思著作的核心思想而言，并非所有人都能真正领会，但是他注定会成为很多非社会主义者的导师。

要强调的是，他的核心思想来源于李嘉图。如果他不过于强调偏离第二性的观点，

于解决《资本论》第一卷与第三卷相矛盾的问题。初期交换法则与资本主义背景下实际价格影响因素之间的差异有多大？马克思在

---

没有采纳形式上更加偏离第二性的某些观点，那么两者之间的联系就很明显。重农主义思想体系对他产生了更为广泛的影响。英国的学术界致力于从劳动中获取全部收益的权利这一问题，在亚当·斯密之后越来越成为一个专业的经济学问题。这在某种程度上使得英国学术界摆脱了常规，进而为马克思创造了机会。（参阅马克思《剩余价值理论》第一卷有关亚当·斯密之后的发展；门格尔与阿尔德对《社会主义与社会政治代表作》第四版的介绍。也可参阅霍尔的《论文明对欧洲国家人民的影响》。）在十九世纪二三十年代还有很多学者，如阿农的《国家困难的原因及解决方案》(1821)；伯西·莱文斯登的《对有关人口和政治经济学的某些流行看法的正确性的一点疑问》(1821)；威廉·汤普森的《最能促进人类幸福的财富分配原理的研究》(1824)，他虽然是罗伯特·欧文思想的继承者，但是在经济学理论方面要超过欧文；霍吉斯金的《通俗政治经济学》(1827)；布雷的《劳工的不公与劳工的补救》。这些学者认为劳动价值理论有特定的含义：一方面指的是道德法律的重要意义；另一方面指的是劳动创造价值，是价值现象产生的唯一原因。而这在亚当·斯密与李嘉图的著作里是没有的。之前给出的解释往往都是有误的，人们也没有尝试去解释。实际上这并不是新观点，很多国家都在采纳，也不是一种突然出现在经济学理论的科学观点。但是，这种影响确实导致李嘉图和马克思在价值现象理解上存有差异。在某些特定条件下这些学者也会把利息与地租解释为工资掠夺，但是解释的方式有所不同。马克思并未接受这种观点。他和洛贝尔图斯都认为工人实际上得到的是自身劳动的价值。尽管如此，这种观点仍然体现了根深蒂固的剩余价值与剩余劳动理论，只是马克思理解与解释的方式不同罢了。

在圣西门的著作里我们也可以看到这样的观点。但是与马克思相比，他在思考这些问题时，受到蒲鲁东的影响要小。蒲鲁东不算是一位理论家。他出版的《经济矛盾之体系或贫困的哲学》(1846)，《信贷组织》(1848)，以及《本金的利息》(1850)充斥着错误的观察与严重的逻辑错误。但是两位学者之间的确有关联，而马克思针对蒲鲁东的《贫困的哲学》也有很多不公正的评论。蒲鲁东曾在《社会问题的解决》中指出劳动不能创造什么，不认同资本与土地具有生产力（没有劳动就无法生产任何东西）。他认为地主和资本家什么也不做就无偿占有了劳动者所创造的部分利益。因为工人收到的仅仅是他自己劳动生产的那部分工资，而合作产生的剩余部分都落到了地主和资本家手里。这不是马克思的观点，与马克思的观点相比要逊色很多。但是从马克思提出的剩余价值理论来看，它也是一种剩余价值理论。虽不是起点、但却胜似起点。

然而这只是马克思思想的理论基础。他后来补充的产业后备军理论源于他对所观察到的事实的评论，是相对客观公正的。在如何将其理论置于广泛的社会事实背景

不同的理论发展阶段对此持不同的观点，但它们不存在客观或主观上的矛盾。李嘉图的情况颇为相似，因为他受到了反对派的影响，对最初交换法则的准确性的认识比较粗浅。他的第一版以及信件中产生的不明显但重要的变化揭示了这一点。马克思在多大程度上重视最初交换法则的历史意义也得到了解答，如同李嘉图在多大程度上把它看作是抽象概念一样。具体来说，两位还有很大不同：马克思着力精确阐述李嘉图的思想并将之不断完善。他试图更进一步解释劳动力所发挥的作用，并进行分析，例如劳动力与劳动产品上的差别。但是这与其他的因素并不重要。

马克思与李嘉图只在一个方面上存在本质的区别。李嘉图简单阐述道：如果两位企业家在一年内各自雇用了100位工人，一位企业家生产消费商品，另一位企业家制造机器；如果第二年前者仍然生产消费商品，而后者反过来使用磨损了的机器生产消费商品，那么这两年内产品中包含的劳动力是一样的。因为前者可以在第

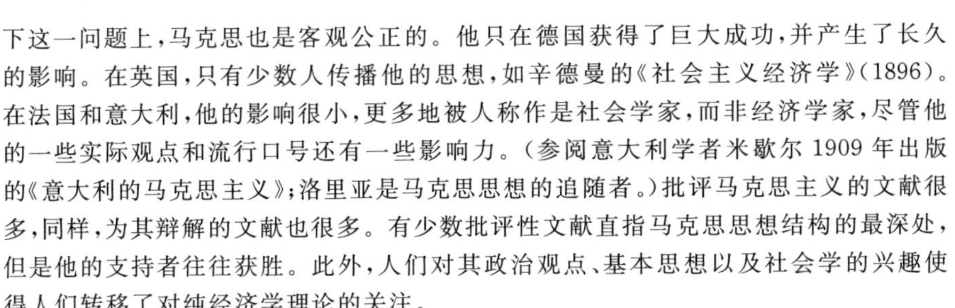

下这一问题上，马克思也是客观公正的。他只在德国获得了巨大成功，并产生了长久的影响。在英国，只有少数人传播他的思想，如辛德曼的《社会主义经济学》(1896)。在法国和意大利，他的影响很小，更多地被人称作是社会学家，而非经济学家，尽管他的一些实际观点和流行口号还有一些影响力。（参阅意大利学者米歇尔1909年出版的《意大利的马克思主义》；洛里亚是马克思思想的追随者。）批评马克思主义的文献很多，同样，为其辩解的文献也很多。有少数批评性文献直指马克思思想结构的最深处，但是他的支持者往往获胜。此外，人们对其政治观点、基本思想以及社会学的兴趣使得人们转移了对纯经济学理论的关注。

以下列举的著作对马克思主义进行了部分的或彻底的批判：庞巴维克的《马克思主义的终结》(凯尼斯·费斯特加布，1896)，《资本利息理论的历史和批判》；波特凯维茨的《马克思理论体系中的价值计算和价格计算》(《社会科学和社会政治文献》，1906)，《康拉德年鉴》第34卷第三期；迪尔的《社会学解释》；科摩琴斯基1897年发表在《经济学杂志》上的《社会政治与管理》；莱克希斯的《康拉德年鉴第二卷》；兰格的《康拉德年鉴第三卷》；杜冈－巴拉诺夫斯基的《马克思主义基本原理》(1905)。

一年年底的时候卖掉自己的产品，而后者则不能这么做。显然，第二位企业家第一年花费的资本在第二年会产生利息。因此，第二位企业家的最终产量是第一位企业家年中产量的两倍多。但是马克思认为第一年的利润已经包括在了其价值里，所以机器不会在第二年继续产生利息。他自问道：不变资本是如何产生更大的价值的？他没有简单地把更大的价值放到他的“劳动价值”部分，而是以源于最初价值法则的价值原则为出发点，来研究利益均等化是如何改变价值原则，并分配两位企业家的总利润以实现在每单位资本与时间上的利润率平等。李嘉图认为，由于雇佣的时间越长，为资本支付的利息就越多，因此，使用不变资本而产生不同长度的生产周期导致价格偏离了劳动力价值法则。而马克思抓住了这一论述中的潜在性观点，强调资本家通过操作利润率平等的法则已经把这额外的利息抽掉了。李嘉图也认为，有可能增加的利息以新的形式被包含在总利息中。但是马克思认为利润均等化并不能改变价值，而是改变价格。他指出价格不仅是价值的表现形式，决定价格的过程也可能改变决定价值的结果。



李嘉图提出的价值理论很快就遭到了反对。这一时期价值问题已经成为争议问题，一方面是李嘉图与德·昆西，另一方面是贝利、马尔萨斯与萨伊。因此，之前提到的两大思潮首次产生了碰撞。这种情况下有两大问题产生。首先，贝利与萨伊把使用价值因素看作是核心因素。李嘉图不认同这种说法，指出这是不相关的，因为非常有用的往往是没有价值的。① 毫无疑问，这种观点明

① 商品的交换价值量与商品作为社会福利的重要性之间的差异是蒲鲁东经济矛盾体系的本质。他认为这种矛盾对资本主义经济来说是致命的。希尔德布朗彻底地化解了这一矛盾。

确了至今仍遭否认的一个基本事实，即李嘉图，甚至是与杰文斯有争论的凯尔恩斯都忽视了使用价值的概念。这不是因为这一概念是不言而喻的，而是因为他无法明白使用价值有可能源于交换价值。萨伊没有捍卫这一观点，也没有理解其本质，但是他发现了使用价值的重要性，也意识到了生产成本是不可能成为价格的决定因素。

第二个问题是供求的重要性，这在李嘉图与马尔萨斯之间引起了争论。对李嘉图和之后的马克思而言，重要的不是对供求法则的无知，而是他认为这与他的观点是矛盾的（参阅《致信马尔萨斯》第148页）。然而，供求理论影响越来越大，尤其是与国际价值理论有关的供求理论被认为是后期思潮的源头。国际价值理论来源于人们对自由贸易的讨论。很长一段时间里，人们都满足于与自由贸易有关的一般观点，并未深入思考对相关国家价值与价格体系的影响。因此，我们发现休谟并未清楚进口与出口是互相制约的，必须保持平衡；亚当·斯密并未试图去准确理解国际贸易可以让各国都满意的直接优势。

后来有了关键性的发展：弗斯特在1804年出版的《商业往来的原理》中明确区分了贸易平衡与支付平衡；托伦斯在1808年出版的《经济学家的驳论》中提出了国际劳动分工以及总利润在相关国家如何分配的原理。值得称赞的是李嘉图基于相对成本原理详细阐述了国际价值理论，为充分解决这一问题提供了理论支撑。更为重要的是，他指出即使一个国家比另外一个国家在各个方面都很强大，但是后者不会因竞争而淘汰，而会获得一定的优势。李嘉图也讨论了相应的货币交易问题，这在很长一段时间里都是非常经典的理论。他的追随者没有对此补充过任何观点，甚至约翰·斯图亚特·穆勒都没有超越李嘉图。实际上约翰·斯图亚特·穆勒的主要贡献不是很有价值，在很多方面论述的准确性比李嘉图差很多。舍尔比利埃同样有着很重要的历史地位。赫尔曼代表的是均衡派，因为他与内布纽斯观点立场相反，他认为国家间的利润率平等可能是因资本流动而产生；他对李嘉图的货币流通理论进行了一些重要的修正，比葛逊要早。

哈根也使得这一理论有了进一步发展，他解释说即使认同自由贸易理论，低关税也能为相关国家中的某一国带来利润。在他之前，有人意识到了这一点，但是从未真正理解。这里也要提一下曼戈尔特的观点。凯尔恩斯也推动了这一理论的发展，他把国际价值理论的方法运用到了国民价值理论之中，尤其是在一国不能谈论资本与劳动力完全自由流通的情况下。巴斯塔布尔在1903年出版的《国际贸易理论》提出了最新的观点。马歇尔也提出过很多新观点，这里不再一一列举。（1875年刊发的简报中有很多观点也刊发在了庞塔里奥尼的《纯粹的经济学理论》，以及克宁汉1904出版的《几何政治经济学》中。）此外，奥斯皮茨与里本出版的《价格理论研究》；埃奇沃斯1894年发表在《经济学期刊》上的文章；库尔诺1836年出版的《关于财富理论之数学原则的研究》。西奇威克[①]曾经就这一理论尝试过两次，但都不太成功。

---

① 巴斯夏也极力主张自由贸易，但是对这一理论没有什么贡献。弗里德里希·李斯特的“教育性关税”观点至今在经济学界仍广为人知。我们在约翰·斯图亚特·穆勒与杜·梅斯尼尔·玛格威尼（《精确科学之政治经济学》）的著作中也可以看到李斯特的观点。他认为一个国家的经济必须与其物理及社会环境相适应。

这一理论对于价值与价格学说的重要性在于除了相互需求，缺乏其他因素来影响国际价值，因此“自然价格”或者是均衡价格就此产生。如果我们一直认真思考，并理解其基本概念，那么这一理论必然会让人们认识到李嘉图的方法无法让人满意。约翰·斯图亚特·穆勒在另一方面迈出了关键一步。他首先意识到了供求原理中所描述的决定价格的情况具有普遍有效性，并把最初交换法则看作是特例。其次，他对后者加以限制，强调劳动力成本因素的重要性，可说是彻底改变了它的真实含义。他削弱了劳动力数量因素以支持实际工资率因素。最后，他从企业家的视角去看待生产成本问题，并把劳动价值理论、劳动价格理论与生产成本理论结合在一起。换言之，他的不充分的观点促使李嘉图进行了全面分析。

当然，生产成本理论不如早期那么合理，现在只是标志着李嘉图的基本概念已经被摒弃，长远来看它的中间地位也无法维持。价格效用理论就此应运而生。后来有学者从生产成本理论的不同角度来批判价格效用理论，但是很快就发现他们的立场是没有根据的。还有学者从既定的生产成本中寻找不同于效用价值的因素，进而提出了成本理论。所谓的成本理论是基于劳动力负效用以及娱乐节制的成本现象而提出的。[①] 后文会再次讨论这一问

① 这里有必要提及其他的成本理论，因为不同学者对成本现象的态度决定了真实的经济学研究现状。当然，我们的讨论也是有限的。成本再生理论（代表人物有凯里、费拉拉以及杜林）就是其中的一种。严格来说，这仅仅指的是所有的成本理论都有一个共性：对于交换价值而言重要的不是所消耗的成本，而是进一步生产中必然消耗的成本。这一理论也产生了一些特殊的学术成果。巴斯夏将购买者所节约的生产成本代替了消耗成本。他认为节约成本衡量着他能获得的“服务”。

题。

11. 对于古典经济学家而言，分配理论是最为重要的一个议题。他们关注所得社会产品的分配比例，也关注不取决于社会产品分配方式的绝对规模以及绝对变化。我们以亚当·斯密的分配理论为例来了解该理论的发展情况。这里我们只对三四种收入形式的理论做概述，但可能会忽略掉某一些基本特征。

从地租理论中，我们可以看到过去普遍流行的观点，即马尔萨斯认为地租源于土地上种植的作物，是“大自然的礼物”(《地租的性质与发展研究》,1815)[①]。亚当·斯密尝试去解释，指出土地不是产品，不会有生产成本。只有对土地进行垄断才能解释源于土地的产品是有价格的。托马斯·佩罗奈特·汤普森[②]就是这一观点的代表性人物，这种观点是基于对垄断性质的不充分理解而产生的。西尼尔等古典经济学家的文献中可以看到这类观点。第三种地租理论进一步完善了“生产服务”理论，首先让我们想到的经济学家就是萨伊。赫尔曼认为所有的生产资料作为资本，在不消耗殆尽的情况下会转移到产品上，因此为使用的生产资料而支付的费用形成了净收入。这在地租理论中是非常有价值的。他认为地租和利息是一样的，只是计算的方式不同而已。他是克拉克、费雪以及菲特等美国经济学家的先驱。

该理论影响深远，越来越多的学者开始尝试去解释不同收入

① 他也给出了另外一种解释：农业生产自身就可以产生需求，因为扩张导致人口增加。但是这完全是一种错误性的观点。

② 托马斯·佩罗奈特·汤普森1826出版了《真正的地租理论》，其优势在于对李嘉图的批判。

形式的性质，而不仅仅是收入的多少；越来越多的学者要求用统一的分配理论来解释地租，比如因土地在生产中发挥的纯经济学作用而产生的不同形式的收入。

最后一种地租理论则有所不同。该理论以生产性服务概念为基础，以地主所消耗的资本与劳动力开支代替土地所提供的“服务”，因此地租就成了利息和工资。凯里与受其影响的费拉拉是代表性人物。[①] 但是，更重要的是这一理论最初是由安德森 1777 年提出来的，后由威斯特和马尔萨斯 1815 年提出；而它的重要意义是由李嘉图发现，后由杜能发展出了一种不同的地租理论。而与此理论对立的是李嘉图的价值理论。

它旨在回答以下问题：如果商品中已经包含了不平等的“土地单位”，那么劳动量又如何表示交换关系呢？学者往往是先确立有效的交换法则，然后解释土地上的产品是没有地租的，因为它是最糟糕的自由商品；然后证明用于生产的劳动力必然决定价格，因为他们不会为更低的价格而进行生产，同时，等量的同一商品价格必然相同。这就是为什么与最为不利的条件相比，在其他条件下生产的各类产品中的交换价值除了包含既有的劳动力数量，还有剩余部分。因此，它偏离原始交换法则。但是这种偏离不会影响最初交换法则的有效性，因为土地上生产的产品的交换价值与产品中的劳动力数量是成比例的。它也不会对工资和效益产生影响，因为工人与资本家之间的竞争使得这部分剩余价值流入了地主的手中。因此，看上去是对交换法则的驳斥，但实际上这不仅是没有

① 巴斯夏对地租问题的态度是否认纯地租的存在。

坏处的，而且就算是受到土地收益递减法则的影响，还是可以充分发挥其优势所在。

有三种租金需加以区分：源于肥沃土地的租金；源于劳动力与资本边际内的租金；因位置不同而产生的租金。第三种租金形式李嘉图非常熟悉，杜能也曾特别强调过。这种租金最初是适用于土地收益递减法则，后来也用于城市地租问题。在评价这一理论时，我们要分清四点：它的绝对认识价值，它对古典体系的重要性，它对经济学思想发展的历史意义，以及古典经济学家个人认识的价值。这一理论的绝对认识价值很小，不仅是因为反对观点有理有据，直到今天的讨论还有明显的缺陷，还因为大多数的讨论实际上并未解释清楚。这种方法只是为了把租金从交换过程中剥离掉。这可能是李嘉图的意图，但是对古典经济学家来说是非常重要的。当詹姆斯·穆勒、西尼尔与麦克库洛赫等人解决分配问题时，他们一再强调在分配的过程中，要除去与分配无关的租金，显然指的就是工资与效益的分配方式。就经济学的发展而言，租金理论长期作为指导思想；该理论的代表性人物有很多观点成了讨论的主题，并且也理清了很多观点。关于上述提到的第四点，在这种特殊情况下，古典经济学家从概念上就清楚地发现收入严格意义上不是产品价格的起因，而是其结果。[①] 即使前者不存在，后者也会受到影响。除此之外，还有很多关于该理论架构不完整的观点。

① 这一概念得以广泛应用。但在此之前，很多学者会将“决定价格”的收入与“价格决定”的收入区分开来。这并不是一种很明智的立场。

虽然李嘉图的地租理论也有很多不足之处，但是我们仍然要谈谈该理论最为重要的发展情况。这一理论模式得以广泛应用，它将产量描述为超越边际产量的剩余产量。根据李嘉图的观点，既定土地中进一步投入一定量的资本与劳动力。不难理解的是等量的劳动力与土地也适用于定量的资本，而等量的资本与土地让渡给定量的工人手中，因此，基于资本而产生的利息和工资就以租金的形式出现。作为特殊的地租理论，它的普遍适用性仅仅是反映了该方法的部分价值，但是这种方法的确是富有成效的。在经济学说史研究领域，这种有趣的方法必然会促使经济学研究从古典体系向不同的研究视角转变。[①] 农业生产效益递减法则也逐渐成为了生产效益递减法则的一部分，工业领域也出现了类似于地租的现象。例如，曼戈尔特就曾大胆地把一般地租看作是生产条件不平等的结果。实际上这一观点不难发现。

地租的概念中多次强调大自然因素，因此在通过智力劳动或体力劳动而获得的工资里也能看到地租的因素。此外还有损失成本这一因素，长期消耗的开支无法再次收回。通过类比的方式，我们假设这一因素也在发挥作用。于是诞生了马歇尔的准地租概念。人们认为根据时间长短，产量就如同地租会发生变化，进而产生了两种不同的观点。一种观点认为除了适宜耕种的土地，任何事物都无法产生类似地租的效益；另一种观点则认为所有的事物都可以产生这样的效益。

马克思与洛贝尔图斯的地租理论与李嘉图有所不同，他们之

① 美国的研究者受约翰・贝茨・克拉克的影响而走上了这一研究道路。

间也是各不相同。但是三人都有一个共性认识,即工人与资本家的竞争确保了地主的收入。由于土地不会增加,所以彼此之间的竞争力产生的影响并不大。马克思与洛贝尔图斯都认为不仅存在着“有差别的”地租,也存在着“绝对”地租。[①] 这种地租是具有内在一致性的剩余价值的一部分,也是具有内在一致性的所有者的地租的一部分。马克思的观点大致如下:农业中几乎不投入不变资本,因此,剩余价值在资本价值中占很大的比重。在工业中,由于普遍存在竞争,加之因此而产生的交换法则发挥有效作用,生产者不投入不变资本,就难以获得好处。而在农业中,由于竞争因土地被占有而受限,生产者就可以获得这样的好处。显然,他把这种好处让给了地主,也就是地租。洛贝尔图斯也有类似的观点,但不是因为不变资本在农业生产中所占比重小。而是农业生产者不需要像工业生产者那样为原材料而投入资本,即使有,也不是很多。在农业生产者看来,他最重要的生产资料就是大自然所给予他的土地。因此,也就产生了剩余效益,即地租。[②]

许多经济学家认为分配仅限于经济过程[③]中的两类参与者范畴。有两种方式可以避免这种局限性:一种就是李嘉图所说的消除地租;另一种就是如赫尔曼、马克思以及洛贝尔图斯所说的,把地租置于广义上的租金概念,即既有源于资本的租金,也有源于土



---

① 我们也试图在李嘉图的思想体系中寻找绝对地租,但是他的整个思想体系都是基于有差别的地租。虽然他偶尔也发表有关绝对地租的观点,但是并不重视,理论上也从未运用过。

② 我们不再详细讨论这一话题。具体内容请参阅波特凯维茨的《社会主义与工人运动的历史档案》第一卷,以及阿尔德、莱克希斯、希佩尔以及祖恩斯的著作。

③ 英语中没有与德语“经济主体”相对应的词汇。——英文版译者注

地的租金。一旦采用这种观点，那么就可以基于同一原理或不同的原理同时解释工资和效益问题，可以确定工资和效益的大小，或者在总量一定的情况下确定两者的数量以及操作规则。而李嘉图持第二种观点。他指出，从让人困惑的限制条件和矛盾中可以得出明确的结论：工人是总产品的生产者，而地租已经提前从总产品中剥离了。每种产品的交换价值整体而言与产品的劳动力数量是成比例的。资本家手里剩下的就是利润，而利润的多少取决于资本家能给予生产者多少。当然，这还取决于生产者拥有商品中的劳动力数量，以及与劳动力数量相关的工资商品的交换价值。因此，利润率也就此产生。而就利润率而言，学者认为利润率是由实际工资决定的。当实际工资下降时，利润率就上升，反之亦然。

为了更好地理解这一原理，需要补充一点，即根据劳动力价值指数，它仅仅指的是价值关系；资本家与工人的商品供应是同时增加的，因此工资和利润是随着价值指数的变化而变化。李嘉图没有忽略劳动力、生产力以及生产周期长短对利润的影响，只是没有发现决定利润历时变动的关键因素。正如多数批评家所言，这一原理并不建立在产品价格不变的假设之上。

因此，可以得出以下观点：工资变化不影响价格；只有利润率平等，以及资本有机构成不平等时，工资变化才会影响价格。即使价格受到影响，利润率也不会发生变化。除了工人所消耗的产品，商品生产条件的变化也不影响利润率，因为开支与收益以同样的方式发生变化。另一方面，工资商品生产条件的变化导致工资变化，进而影响利润率。李嘉图认为多数情况下都是如此。在工资商品中，有一种商品是玉米。虽然增加每单位生产支出能提高玉米产量，但有时是通过改进生产，在不增加每单位成本的情况下依托进口，或是降低每单位成本来提高产量。由于包括玉米在内的食品会因为人口与资本的增加而价格上涨，因此，利润率会下降。与此同时，地租会上涨，工人不会因为工资收入的提高而受益，因为他们不再能够买到比过去更多的玉米。地主则是优势一方①，因为他手里的玉米产量高了，价值更大了。这就是李嘉图在1815年发表的《论低价谷物对资本利润的影响》中提出的著名的分配理论。② 威斯特也发表了自己的观点，并在其著作中进行了修正。我们非常欣赏这种具有创造性的观点，但是要注意他在自己的观点中不断地提出新的假设，引用新的事实，以及具体关系。虽然它们影响不大，但是成为他后来观点的理论基础。



那些具有实践意义，旨在阐明整个世纪经济活动的观点不是源于基本理论的逻辑性观点，而是源于结合了大量具体数据的基本思想。以具体数据为前提的恒定过程，研究具有理论可能性的个体情况而产生的局限性，注重截面数据，忽略详细的理论研究，这些都是该理论的优势与不足之处。它们利于得出准确而有力的观点，但是不利的是人们不需犯逻辑错误就可以讽刺现实。人们可能会忘记这些站不住脚的观点，尽管它们实际上是有联系的。

李嘉图非常注重事实，但是只体现在某些观点上。如果他能从事实中脱离出来，可能他的观点更为全面。虽然事实之间确有相互关系，但是这种刻板的因果关系是不可靠的。李嘉图的一些

① 但是在生产改进的情况下，这对地主不利。

② 这一理论遭到了凯里与巴斯夏的反对。此外，还有洛贝尔图斯提出的“降低工资份额法则”。

观点指的是当前的情况，而其他观点则指的是未来的情况。

经济学领域出现很多不公正的批判，但这绝不是为了说明李嘉图的观点充满了矛盾，很难理解而为之。甚至是李嘉图的弟子也没有很好地理解他的观点。詹姆斯·穆勒与麦克库洛赫没有对李嘉图的利润原理做出积极贡献。虽然我们能在著作中看到他的观点，以及反对他的观点，但是约翰·斯图亚特·穆勒的贡献使得李嘉图的思想就像是躺在软床上的人，慢慢死去(《论政治经济学尚未解决的问题》，1841，第四卷；《政治经济学原理》)。该学派所有的学者都坚持李嘉图和威斯特提出的利润率学说，拒绝亚当·斯密给出的解释。亚当·斯密认为增加资本会加剧资本家之间的竞争，进而导致利润减少，因为竞争会影响价格，但价格的下降却不影响利润率。

利润仅仅是剩余物，只能解释为是由于生产整个产品的劳动力只能获得部分利润。这种观点与李嘉图的思想是一致的，虽然他没有明确表达过，但是他偶尔也会从不同的角度来阐述自己的观点。而当李嘉图从不同角度阐释时，他的支持者并没有接受这一观点，但也没有忽略它们。于是年轻的穆勒曾在《政治经济学》第二卷第十五章第五段中写道：利润之所以产生是因为劳动力生产出了多于其生计所需的价值。他认为劳动力的物质生产力相当于土壤的生产力。我们把这种观点看作是地租理论的雏形。这一理论与资本的物质生产力是一致的，是最早期的利息理论的理论基础。尽管“原因”一词不合适，应该用“条件”来代替，但是穆勒也发现实际上什么问题也解释不了，因此他没有基于此而提出自己的利息理论。

另一方面，马克思利用了这一观点。他的剩余价值理论与剥削理论毫无疑问是以李嘉图的观点为理论基础的，这种情况可能是无意识的。洛贝尔图斯也采纳了这一观点，但是方式有所不同。当然还有其他的影响因素。只有李嘉图为马克思提供了科学基础，而马克思的剩余价值也被认为是在这一理论基础上的逻辑发展。李嘉图先于马克思将原始交换法则运用到劳动力中，讨论的核心问题就是工资中的劳动力数量与总产品中的劳动力数量之间的差异。这种差异就是剩余价值。根据李嘉图的观点，可以说剩余价值源于未支付的劳动力。马克思提出了剩余价值，并对其作了简明阐述。我们认为他是首位明确区分剩余价值与利润的学者。马克思，与洛贝尔图斯一样，讨论了某一范畴内所有的剩余价值表现形式，并认为他们在本质上是一致的。最后，通过对资本的分析，他指出剩余价值的起源不是整个资本，而仅是可变资本；部分剩余价值则源于竞争过程中的不变资本。[①] 因此，他用一种新的观点来解释利润率下降这一现象。使用不变资本进行的生产与仅靠生产时间与生产率进行的生产是不同的，因为如果前者不需要更长的生产时间，生产较少的产品，那么商品是直接生产还是借助于之前的生产工具生产就不重要了。只有当提高生产率可以降低工资商品的交换价值时，它才与利润率是有关的。但是我们完全忽略了这一点，因为玉米在所有工资商品中是最重要的。这一学派都认为提高生产率只是暂时的问题而已。

生产时间延长意味着等量的剩余价值被分配，进而导致利润



① 马克思的剥削理论也包含在这些观点当中，这里不进行详细讨论。

率下降。当然这只是来解释利润率下降的原因，因为李嘉图认为工资商品生产所需的劳动力数量增加时，利润率的下降被认为不会受此影响。生产时间因素也让马克思否认了工资与利润之间是对立的，不认同利润只受工资商品生产条件影响的观点。这一观点也仅仅是补充了其他的影响因素，不会削弱李嘉图思想对于理解剩余价值理论发展，以及利润率相关假设的重要意义。

现在，我们要简要讨论一下这一时期的工资理论与利息理论。坎南曾明确指出在这一时期初期，根本不存在工人为何需要拿工资的问题。工人确实生产了整个产品，问题是为何他没有拿到属于他的全部价值。因此，争议的主题不是工资的特性，而是工资水平问题。有人提出过可辨认份额概念（工人因生产产品而获得的回报），并主张以此来解释工资，把产品价格与工资之间的关系当作工资理论的理论基础。萨伊与其支持者芒蒂福特·朗菲尔德（《论政治理论》，1834）、马尔萨斯都是主张这一观点，但是赫尔曼与杜能准确地理解了工人边际产量这一概念。对其他人而言，有必要弄清楚在哪些具体的外部条件下工资不会消耗总产量。

以前的学者认为体力劳动者赚钱必然是为了维持自身的生计。这一观点出现在17世纪以及重农主义学者与杜尔哥的文献中。亚当·斯密也提出过，只不过增加了很多限制条件，运用了自己丰富的观察，提出了很多观点。但也不难看出这些观点都是常识性的，缺乏深度。在他的观点中最重要的就是高工资与昂贵的劳动力之间的区别。如果要在他的著作中找到真正的工资理论，那就要属残值理论了：工人必须要将产品中的部分价值让渡给地主与资本家，剩余部分就是自己的工资。如果工人同时是地主与资本家，那么他一定认为他将得到整个产品，但不是作为自己的工资。他很轻易地指出工资就是一种价格，是理解资本主义分配过程的起点。只有在《国富论》的后几章，他指出劳动力需求与食物价格也是工资的影响因素。后来，学者们从这两大因素出发来研究工资问题。

劳动力的需求是以资本为前提的。在马尔萨斯思想的影响下，学者们假设需求面临着不断增加的供给问题。李嘉图就曾提出人口的增长要比快于资本的增加。之后詹姆斯·穆勒与麦克库洛赫也力证如果一个国家不限制其国民的生育能力，那么这就是必然的。但是，由于他们断言这种情况不一定会发生，并且用随时间与空间变化而变化的标准生活代替了物质生活水平，因此李嘉图、马尔萨斯等人的观点是"悲观的"。这给人一种很无情的感觉，虽然在科学上来说没有什么关系。让人无法理解的是那些读过李嘉图与马尔萨斯著作中工资理论内容的人会如何谈论悲观或无情。就其他方面而言，两人的这部分内容秉承了历史的精神。在那些煽动家眼里，用"肆无忌惮的工资法则"来形容李嘉图的观点再合适不过了。尤其是他明确提出高水平是可以实现并得以维持的，不能受到严格限制。的确，如果人口增长快过资本增加，那么工资必然下降。但是如果与此同时工资商品价格也得以上涨，那就对上述的情况起到反作用。但是如果标准生活水平降低，那么人口就会停止增长。

后来还有一部分学者把年度社会产品中用于支付工人工资的那部分称为工资基金，并把它解释为劳动力有效需求的量化表现形式。他们也认为可以找到决定劳动力供给的原因。如果能发现决定工资基金的稳定的影响因素，那么就可以确定普通体力劳动者的工资。如果劳动力类型单一，同时考虑到劳动力素质的差异性，那么情况就会简单很多。就劳动力需求而言，人们的生育能力在劳动力供给方面发挥着储备的作用，因为工资基金不仅包括前期支付的工资，还包括新的工资商品。古典学派认为前者的工资基金源于前期的储蓄，而后者的工资基金则是近期储蓄的结果。

资本家前期不储蓄的话，无法支付工资。前期的储蓄一定是为了再次生产而进行消费，而不是全部据为己有。[①] 因此，社会产品中储蓄的那部分与工资之间存在直接联系，而整个社会产品与工资只存在间接联系，也就是说社会产品的总量会影响储蓄情况。李嘉图之后，一直到约翰·斯图亚特·穆勒时期，这种间接联系都被忽略了，学者们只强调这种直接联系，并认为这就是工资基金理论的特点。[②] 由此出现了一股思潮，古典经济学家开始割裂工资与劳动力产出之间的联系。有人主张工人们，不论人数多少，不论他们罢工或通过团体组织要得到什么，都必须享有同样的工资总额度；资本家不可以把工资降至上述提到的工资水平，除非他们的储蓄变少了。

其实这背后还蕴含着一种观点，即在每一生产周期，无论资本家手里的资本有多少，他都要将工资预付给工人。工资基金理论有一弱点，这在古典经济学家的文献中也可以发现：它孤立了经济联系链中的一种联系，赋予了资本所不具有的因果联系，因为这种

① 穆勒认为储蓄就是生产性开支，这遭到了杰文斯等人的反对。

② 詹姆斯·穆勒与麦克库洛赫就是这一观点的代表性人物，而西尼尔的观点更具有批判性。具体请参阅《论工资》(麦克库洛赫，1854)。

联系本身就是由其他的联系所决定的。但是,也正是有了这一限制,工资基金理论才是正确的,才会有很多正确的观点产生。虽然多数的工人不可能和少数的工人享有同等的工资基金,但是如果生产方式不变的情况下工人数量增加,那么工资水平就不会相应地提高,而是某种程度地降低。

尽管工资基金理论是早期一种不完善的理论,但是它能够阐释决定工资水平的客观因素,确立经济内部不同因素之间的联系。这是非常有益的。总之,不管古典经济学家的观点是正确的还是错误的,这一理论都体现了其核心思想。工资基金理论的发展也体现了经济学中最具有戏剧性的方面。一些人认为这是伟大的发现,是智慧的体现,而有些人谴责这是资本家的把戏,毫无意义。双方对此都有误解,都是为自己的政治目的服务。该理论广受欢迎的同时又显得臭名昭著,正确的观点变得越来越模糊,而错误的观点被夸大,变得越来越荒唐。对于我们最初提及的工资理论,尤其是萨伊和杜能为代表的工资理论,还是可以对其进行补充与修正的,但是无人对此感兴趣。只有赫尔曼与朗格(《对工资基金理论的驳论》,1886)对这一理论进行了认真的讨论,但持反对态度,他们根本没有想到要积极回应反对他们的观点,所以他们的批判几乎没有引起关注。

当时普遍反对将工人的食物当作是资本,因为“资本”似乎使工人降格成了机器。这些批判虽然在文献中有一定的影响,但是意义不大。1869 年桑顿出版的《劳动论》曾重述过朗格的观点,但是阐述的方式既冗长又不完整。约翰·斯图亚特·穆勒在他的评论性文章里(《双周评论》,1869)概述了工资基金理论,同意作者的观点，并认为如果没有充分的缘由，这一理论就是站不住脚的。[①]令人惊讶的是，无论约翰·斯图亚特·穆勒在英国经济学领域的影响有多大，许多学者仍旧坚持工资基金理论，并试图以更佳的方式提出自己的观点主张，例如凯尔恩斯。太多人都不假思索地支持工资基金理论，所以工资基金理论被摧毁了。西奇威克、沃尔克等人也是对其进行了猛烈的抨击。穆勒已经摒弃了这一理论，公众又回到了过去的时代。这对传统经济学来说是致命的打击，那时候传统经济学已经开始走下坡路了。任何一种观点都无法成功地批判该学说的精髓，这是一种非常深刻的认识。在这层出不穷的思潮运动中工资基金理论重新登台亮相，只不过今天的解释更为合理正确。[②]

就利息理论[③]，人们先是逐渐摆脱了 18 世纪后半叶的主导性思想。当时，利息指的不是货币，而是决定商品价值的部分。这种观点存在了很多年。关键在于整个思想设计都是在古典经济学家对经济过程的描述的框架下完成的，尤其是重农主义的观点，即资本是社会产品的一部分，以不同的方式决定着劳动力，改善他们的生活，改进生产工具。亚当·斯密没有提出真正的利息理论。他的观点主要揭示了剥削理论。工人生产了整个产品，出卖自己的



① 即使这种观点不算是伟大的学术成就，也仍然得到了穆勒的同情：他很不情愿地抛弃了工资基金理论。我们可以发现并不是因为什么政治诉求让其一味地坚持这一理论，而是因为他更加尊重真理。古典学派很少有观点是与政治口号相关的。如果他同情这些政治口号，那么情况就很明显了，但是事实并非如此。

② 请参阅陶西格 1892 年出版的《工资问题》；菲斯特甘伯的《斯皮托夫：德国 19 世纪的经济学发展》。

③ 请参阅庞巴维克。

劳动力赚取维持生计的费用，而剩余部分就是剩余价值。但这和马克思的剥削理论是没有关联的。在他的论述中还有其他的观点，如直率的观点——利润是价格的附属品，以及含蓄的观点——生产力理论基本原理。这与李嘉图有相似之处，他只是为真正的马克思剥削理论提供了理论基础，方式与亚当·斯密完全不同。亚当·斯密认为利润是工作条件的产物，与工作条件密切相关，源于劳动力的劳动价值与工人生产的产品中劳动价值的差额。此外，他也提出了节欲理论，在同等数量的劳动力前提下，生产时间较长的产品价值要大于生产时间较短的产品，因为资本家需要更长的时间获得收益。

李嘉图也阐述过生产力理论，指出利润取决于上一年投入单位资本的产出，也就是指用于不产生地租的那部分资本。杜能对这一观点有深入的理解与阐述。但是，无论这种观点多重要，整体思想与李嘉图是不同的。实际上在杜能之前这种思想已经有了长足发展，例如劳德代尔、萨伊与马尔萨斯等。他们把利息称作是"资本的生产力"或"资本的生产性服务"。以劳德代尔为首的学者们深入研究了利息产生的起因以及利息的性质，并持之以恒地进行着他们的研究，因此备受赞誉。早期就有人曾提出过这一问题，但是尚未被周知，现在又在尝试地回答这一问题。劳德代尔等人力证借助于机器可以生产更多的产品，成本也较低。他们满足于自己的论证。但是这是不充分的，原因有二：首先，物质生产力不能证明价值生产力；其次，由于机器是劳动的产物，因此，在同样的时间里，以一种方式雇佣劳动力比其他方式雇佣的劳动力生产的交换价值更大。这种情况是不持久的，如果是持久的，那么就需要进一步的解释。但唯一不变的是，从历史角度阐述的思想代表了进步。同样的还有使用理论，与赫尔曼有关，但是由门格尔与凯尼斯提出。该理论的基本思想是虽然除了土地之外的大多数资本商品都包含在了产品中，但是资本中仍有部分资本是用之不竭的，可以不断提供新的用途。这种观点虽然确实非常有见地，但是遭到了庞巴维克的反对。[①] 此外，很多“使用理论”的代表性人物对研究这一问题的分类进行了深入研究。尤其是赫尔曼，他指出利润率是这一时期最为突出的问题。虽然当今很多观点都是源于生产力理论和使用价值理论，但是二者并没有被人们简单地认可。

李嘉图的继承者认为有必要提出一个真正的利息理论，它指的不仅仅是剩余量。当我们认为李嘉图的确没有对利息现象做出解释时，我们是正确的，因为詹姆斯·穆勒与麦克库洛赫就曾极力给出这样的解释。如果李嘉图有了明确的观点，他一定会告诉他的学生，让他们在利息现象中探寻用于支付资本商品中劳动力的工资（詹姆斯·穆勒），或是用于支付低于商品而高于商品中劳动力的虚构劳动力的工资（麦克库洛赫）。例如，酒窖里的酒，这种东西不会保存很长时间。

与欧洲大陆学者的生产力理论与使用理论不同，英国的利息理论是由西尼尔创建的。利息是储蓄的一种补偿形式，这种观点对于试图用储蓄来解释资本形成的学者来说是不言而喻的。有很多著作可以说明这一点，例如，哈斯巴赫 1905 年出版的《施穆勒年鉴》，德国的加尼尔 1796 年出版的《政治经济学概要》，以及斯克罗

① 请参阅《资本与资本利息》(1884)。

普 1833 年出版的《政治经济学》。但是,西尼尔不是进行口号式的宣传,而是把“节制”视为另一个生产影响因素,为该理论奠定更为坚实的理论基础。后来他把“节制”改进成了“延缓享乐”。他也对利息与工资问题进行了谨慎细致的研究。约翰·斯图亚特·穆勒与西奇威克也提出过这一理论。

当消费理论还局限于从心理学视角来分析消费现象的时候,凯尔恩斯已经用最纯粹的、一贯的方式把享乐节制与劳动的负效用放在一起来研究了。当有节制的百万富翁在谈笑中提到这一观点的时候,这一理论已经变得更为准确了,即利润率取决于储户的节制,对于贫穷的储户而言,如果利润率下降的话他一定不会买账。这一理论不论是纯粹的形式,还是观点混合的形式,在英国都是非常盛行的,一直至今日。但是在欧洲大陆,除了意大利,这一理论则鲜有成功。在 19 世纪的后半叶,美国也有很多的支持者。



因此,真正的企业家利润理论不可能最先发展起来。在 18 世纪,已经有学者将利润与贷款利息进行区分,但只是把贷款利息看作是向借贷资本家支付的利润而已。通常我们会发现在亚当·斯密的著作里已经涉及了这些重要的观点,但萨伊才是最先解释企业家利润,以及企业家在经济生活中的作用的人。李嘉图学派在这方面没有什么成就,只有在约翰·斯图亚特·穆勒的著作里可以看到相关的论述,可能是受到了法国学者的影响。赫尔曼与曼戈尔特在这一方面成就突出。本世纪中叶左右,这些观点已经发生了变化,今天我们可以解释为企业家利润是用于管理,承担风险(尤其是在法国盛行的观点),以及租用人才(如曼戈尔特、沃尔克等),是一种机会所得。除了上述谈到的两位德国学者,其他人并不认为这一问题很重要,因此没有产生广泛而深刻的讨论。直到今天,人们仍然过于看重资本中创造或占有剩余价值的影响因素,以致无法为资本家带来什么利润空间。特别是由于没有全面分析企业家的作用,故而大多数情况下人们认为他要做的就是把利润占为己有。

12. 在这一研究框架下,我们无法详细阐述专门的研究议题。但是我们要说的是这一时期没有产生垄断理论。因此出现了很多糟糕的情况,人们开始滥用垄断一词。亚当·斯密的货币理论在这一时期盛行,它阐述的是货币的物质价值观点。此外,我们也发现了对货币职能以及决定商品充当货币职能的性质的讨论。货币价值可以解释为其所包含物质的价值,而无法回收的纸币与贬值的货币就是诈骗。此外,还要提到的是李嘉图提出的国际金属流通理论。这一理论后来发展成了货币价值生产成本理论,其中的供给与需求要素作用很小。后来产生了货币数量理论:如果货币单位价值仅仅取决于现有的货币数量,而交易量与交易速度保持不变,那货币物质价值理论必然会退去,从而产生新的观点。因此,货币数量理论代表了先进的思想。在英国的学术界这一理论占主导地位,但是在其他地方就不那么成功了。该理论在早期的具体讨论中还是非常重要的,但总是受到各种批评。虽然受到批评,但是该理论没有被压制,甚至还产生了一些积极的学术成就(如图克、富拉顿等)。①

①　萨伊与詹姆斯·穆勒等人强调这一观点是非常重要的,因为所有的产品都会用其他的产品来支付。这也是用劳动凭证来代替货币的理论基础。(蒲鲁东,欧文)

古典经济学家最初认为对于地主而言，生产方式的改进可能会产生损失，但也存在优势。在同时代学者的影响下，李嘉图很快就改变了他的想法，试图证明引进机器在某些情况下一定是有损工人的利益的。这让麦克库洛赫感到很错愕。在他的《政治经济学原理》中，这一章与书中其他章节语境完全不同，是他本书最新一部分内容。书中的观点也是基于当时流行的观点而改进的，认为至少在资本主义经济形式中机器是工人们的对手。我们在所有反资本主义思潮的经济政策文献中都可以看到这种观点。尽管马克思充分利用了这一点，他的观点也包含了大量的流行观点（如工业预备军、经济贫困等[①]），但仍然是其著作中最薄弱的一部分内容。这些观点实质上与补偿理论中的“引进机器有优势”的观点相悖。尼西尔、麦克库洛赫以及一些法国的经济学家是该理论的代表性人物，但并未深入探究，只不过是照搬此前广泛讨论而产生的一些观点。我们只是向读者介绍一些埃冈先生的经济学说史，以及尼科尔森的著作——《机械论》、曼斯塔特的著作——《论机械的资本主义应用》等。



这一时期，危机现象首次出现在经济学领域，而商业人士为此给出了某些解释。该领域最重要的学术成就就是萨伊，詹姆斯·穆勒等证明了生产过剩理论过于简单，不甚合理，同时也澄清了经常被人误解的事实，即没有需求就不可能有供给。尽管这种解释的重要性被夸大，缺乏必要的限制条件，但是确实反映了思想上的

① 在英语中没有词汇对应德语中的“verelendung”，因此作者在其著作《资本主义、社会主义与民主》中使用了“immiseration”一词。——英文版译者注

巨大进步。因此,积极的危机理论就此产生:萨伊的对外贸易理论得到了广泛的接受,尤其是得到了李嘉图的认可。该理论主张不存在一般意义上的生产过剩,经济平衡不会因生产而发生根本性混乱。因此,危机现象只会出现在不合理的生产条件下,出现在一定比例的商品生产过剩中。而揭示生产过剩的一个重要情况就是交易途径的改变。但是这一理论受到了马尔萨斯、西斯蒙第以及伯恩哈迪的强烈批评。但是从经济平衡的角度来看,他们的抨击观点毫无价值。这种认识也产生了一种观点,即非生产性产品的消费是必要的,尤其是奢侈品。这种观点在今天看来很是奇怪,但是在当时确实是相当普通的。这也是当时最有争议的议题之一。

此外,马克思着重强调并深刻阐述了消费不足理论。该理论通过分析社会生产能力与消费能力之间的差异来解释危机现象。这种差异的出现主要是因为工人经济贫困,越来越承担不起社会产品生产中用于满足自身需求的那部分价值。此外,读者还可参阅伯格曼的经济学说史,赫克纳的研究,如《社会科学简明词典》,以及斯皮托夫的著作。



还有很多议题需要讨论,但是本章只概述最为重要的经济学派思想的基本特征,并提供该思想得以应用的例证。

# 第四章　历史学派以及边际效用理论

1. 越是到现代，越是无法简要概述一些思潮与反思潮，思想体系与学派分化也变得越来越没有根据，不自然，引人误解。过去为那些著名的学派而设计的标语口号显然比实际情况要简单得多。这些口号多少带有非科学的色彩，最后声称具有普适性，但实际上在任何的社会学科分支领域，实际情况都是截然不同的。即使在同一学科领域，所面临的问题也是有所不同的。此外，随着议题研究的不断深入，研究专门化程度越来越高，分析方法越来越先进。曾经那些最优秀的学者除了自己的专长领域，对其他领域一窍不通。而最近产生的一种思潮旨在打破这种不同专业领域之间的壁垒。这种思潮满足了教育机构的要求，意在让个性多样、知识丰富、训练有素的学者们去钻研共同的问题。结果当然不是学者们立竿见影的学术交流，而是为了能在自己贡献的基本思想中抢占制高点而进行无用的奋斗而已。实际上，如果不借助于文献研究，到目前为止我们也无法细数所有的学术成就。如题目所示，本章只对两种思潮进行简要概述。

2. 首先，我们要关注的是人们对社会政治的浓厚兴趣。这一领域既与社会科学领域所作出的现代努力密不可分，但又与之相分离。德国经济学领域的专家学者对其尤为感兴趣。[①] 这一领域自身的重要性，以及这一学派所取得的政治成就并不属于经济史的范畴。但是这些成就对经济学领域的研究工作产生了深刻的影响，因此有必要简述它的影响。第一，人们对社会政治问题的浓厚兴趣激发了人们对其进行专门性研究，搜集相关资料，并就这些问题进行讨论。

如果说今天我们熟知工业组织、工人阶级生活条件、社会管理效率等类似问题的话，那这应该归功于该学派，尤其是德国的社会政治社团。第二，这也影响了普通大众的科学态度。这一学派根据个人的理论与社会政治领域所付出的学术努力是否具有相关性，向大众普及某些观点，或引导大众憎恶某些观点。运用了"社会"概念，但是没有涉及对个体的讨论或是讨论较少的基本上属于第一种；而以个体主义为主的理论则属于第二种。第三，对实际问题的专注导致深入分析被忽略，未产生具体的解决方法。虽然并未在政治利益的高温下发展起来，但是从知识进步的角度来讲这是非常重要的。满怀政治理想的人绝不会对那些不切实际的、乌托邦式的研究产生任何兴趣。即使全身心地投入到这一问题中，他也未必能找到问题的本质。从政治学的角度来看，历史学家的研究工作不可能被公平对待。

如果没有理论与历史学这一研究工具，那么科学地研究当时的实际问题就如同为获取食物而每日劳作。在这种情况下，很难开展纯科学的讨论。相反，此时的德国出现了一种思潮，以回应对

① 其实"社会政治"(sozialpolitik)这一术语是不可译的。——英文版译者注

社会活动与具体观点进行科学价值判断可否被接受，或可否有可能的争议。许多经济学家都参与了讨论。但在其他国家这一问题既没有被明确提出，也没有得到热烈的讨论。据我们所知，古典经济学家已经在思考这一问题了。

3. 历史学派与上述谈到的学派在多数情况下是观点统一的，但本质上又与之不同，甚至科学意义更为重要。它的本质不在于它充分利用史料，因为这对任何一门学科来说都是颇为常见的。它在科学研究或是实际问题上无须持明确的立场。但是，要求我们把所有国家不同时期的经济学家都归属某一学派对于学说与方法史的研究来说显然是没有意义的。①

历史学派的本质也不在于那些伟大的思想。它们虽然是历史学派的精髓，但其他学派也有这些观点。实际上，其本质在于它把史学研究与细节描写看作是社会科学的首要任务。虽然经济学家在其他方面确实不符合传统的学科教育机构，没有把所有的史学研究都交给专业的历史学家，但是历史学派最先开展了系统的史学研究。它旨在把这种史学精神确立为社会科学领域的关键。只有与这样的系统研究工作结合起来才能充分理解这种史学精神。这种精神只存在于详细的史学研究中，不仅仅是罗雪尔所说的对事件流的一般意识。这表明了对史料的专注，对具体的、个体的现象的深刻理解不以构建理论为最终目标。原因在于这样的观点是

① 如果要把所有人看作是历史学派，能够理解史料的重要性，并支持史学研究的话，那我们就举不出几位杰出的历史学派学者了。如果按此标准，甚至像詹姆斯·穆勒这样偶尔涉猎史学研究的学者也成了历史学派。

半真半假的陈述，是对所观察事实与经验之间关系的讽刺，更不用说一般化的观点。这也表明了非史学家无法描述这种深刻理解的美妙之处，而只有从事史学研究的历史学家才能看到这一点。只有在世的并从事过史学工作的人才能了解这一点。[①] 人们思想理念不同，因此会采用这两种不同的方法。同时，他们对史料或理论领域的日常研究会继续影响他们的基本态度，但任何情况下都是相互对立的，直到一方能够从逻辑上理解“对立学派”，而不会再积极参与其中。这种情况下有些学者必然会高估自己的研究方法。这不是坏事，因为如果我们认为科学不会产生，我们就不会身陷自相矛盾的危境之中，除非学者们高估自己的研究方法，自身的问题，以及为解决问题而作出的努力。当然，这会产生对方法的争论。

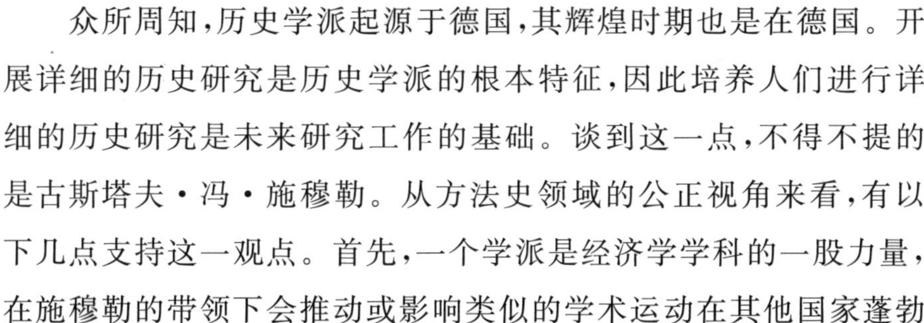

众所周知，历史学派起源于德国，其辉煌时期也是在德国。开展详细的历史研究是历史学派的根本特征，因此培养人们进行详细的历史研究是未来研究工作的基础。谈到这一点，不得不提的是古斯塔夫·冯·施穆勒。从方法史领域的公正视角来看，有以下几点支持这一观点。首先，一个学派是经济学学科的一股力量，在施穆勒的带领下会推动或影响类似的学术运动在其他国家蓬勃

① 虽然无法在历史学派的支持者中找到一种准确的观点，但是我们要说很多经济学家鉴于老师与学生之间的关系，而把自己视为历史学派，实际上根本不具有史学精神。有趣的是，我们发现专业的史学家对这一学派的回应是历史进步的标志。一些历史学家开始把自己看作是社会学家，如布莱希、兰普莱希特等。但是多数历史学家的回应都不算友好。他们依旧坚持历史经济学家著作中的技术缺陷，以专家的狭隘视角来看待这些建议。

发展。如果我们认为罗雪尔、希尔德布朗以及凯尼斯[①]没有发挥这样的作用,那我们就不对他们的著作进行批判。其次,历史学派的基本思想是历史学派中重要的不是对历史方法的需求,而是历史方法的实现。尽管施穆勒学派仅仅是做了他人认为必要的工作,但是他们仍属于历史学派。再者,如果认为以上述三位学者为主的年轻学派仅仅是详尽阐述了旧学派的观点,那将是错误的认识。相反,罗雪尔与凯尼斯的历史视角与施穆勒等人的视角是完全不同的。前者最重要的是包含了历史哲学领域的观点,如维柯与康德关于不同国家平行发展的观点,关于国家如同生物体会衰老死去的观点,但是后者并不包含这些观点。

这些观点显然都不是源于历史学派,因此,年轻的历史学派认为想要进行客观的、详尽的历史研究,就要将这些非历史学派的观点剔除掉。尽管采用的方式较为温和,但是他们确实想要把古典经济社会学家的思想去除掉。如果是以科学准确性的名义,那这种尝试就是合理的。即使我们相信旧思想中有些思想还能进一步得到发展,但是我们依旧会称赞这种做法。但是,如果我们将这些思想从罗雪尔的思想体系中去掉,我们会发现剩下的就是理论家在着重强调历史例证的重要性,像约翰·詹姆斯·穆勒一样强调理论应用于实践时必须加以限制条件。[②] 但是对凯尼斯来说,情



① 下面提到的这些作者的著作是非常重要的:《历史方法的国民经济学讲义大纲》(罗雪尔,1843);《现在和将来的国民经济学》(部分)(希尔德布朗,1848)及其年鉴中的数篇文章;《历史方法观的政治经济学》(凯尼斯,1853)以及 1881 至 1883 年期间以不同题目出版的第二版。他的著作《货币与信贷》在历史学观点中也是非常突出的。

② 他倾向于理论性观点,但是这些观点比在纯经济学领域面临着更多的质疑。在这一方面,他的政治学著作《君主制的本质》中的副标题及其内容更为明显。

况有所不同。他坚持把人的性格分为个体的需求，并认为应孤立地看待这些需求。他强调非经济学因素在经济学领域发挥着重要作用（尤其是经济学中的他律）。这也使得他更接近真正的历史学派。但是我们要强调的是凯尼斯的这些思想并不是古典经济学的核心思想。实际上，他只是一位与历史及历史哲学有关联的理论家。他的教科书影响深远，如果他创立学派的话，那一定是极具分析特点的学派。但是他并没有创立学派。我们不想否认存在这样一种联系。我们只是反对在科学史上每种观点听起来都是大同小异，尤其是像“历史的”这样相同的术语在使用的时候。我们也反对每一种观点都是不言自明的，已经脱离了作者著作中的核心思想。最后的结果就是对这些著作的介绍远比著作本身重要得多。

人们很容易把希尔德布朗看作是历史学派的开拓者。他是开拓者，因为他总是批判，提出了很多激励人心的观点，也确实做了很多历史研究工作。而他曾预言有些历史学派的观点会被其他学派所接受。实际上，他仍然受到了“历史发展规律”的影响，并未迈出关键一步。虽然尚未明确证实，他也是社会政治学派以及边际效用理论的创始者。把他视为这些学派的学者会引起误解，因为在他的观点里还无法确定他有过尖锐的批判。

毕歇尔、克纳普、布伦塔诺以及殷那玛·斯特尔涅格等人与施穆勒学派较为接近。其具体观点不再详细阐述。如果我们想要确定谁属于现代的历史学派，个人的研究视角非常关键，这就像在过去我们来判断是属于历史学派一样。有一部分学者并未受到这一学派的影响。如果我们要确定历史学派的影响有多大，目前为止至少大多数的德国经济学家和很多非德国学者是属于历史学派的。真正代表某一学派，捍卫学派精神的只是某一小部分人，各种学派大多如此。我们把那些没有或很少进行历史研究工作，只是遵守该学派的一般原则的经济学家也算在这些学者里面。如果学者只是认可一般原则，偶尔进行理论研究，那他会是一位理论家，但是不可能成为经济史学家。

如果我们把所有的经验论者看作是历史学派的话，那它必然包括所有的经济学家。历史学的边界是不确定的、不断变化的。关键的问题是经济学或社会学的观点是否多多少少出现过，是否某一完整思想中涵盖了所有具体的观点。但是，这并不是为我们提供了划清界限的标准。

4. 如果我们要探究历史学派产生及兴起的原因，我们就必须记住任何时期、任何国家的学科既有历史性，也有理论性。它们在所有的著作中都是非常重要的，旨在呈现整个学科领域，而不是限于某一特定问题。由于个人选择倾向不同，接受的学术训练不同，有些人会转向研究理论问题，而有些人投身于历史研究以及描写工作，准确来说就是历史描写到底是前期准备性工作还是主要工作。如果忽视这一点，其本身就是矛盾的。没有人不从理论的视角研究李嘉图所感兴趣的问题，就如同没有人可以在不事先搜集材料的情况下处理问题。显然，了解经济学历史的人都知道这两种方法中总有一种在各个国家占主导地位，或是在同一国家不同发展阶段占主导地位。虽然各国情况不同，但这是相对不变的事实。而需要解释的是历史学派在德国占主导地位，而与此同时理论被远远抛弃了；很多经济学家把史料搜集看作是最终目标，看作是主要的科学目标（施穆勒，《政治经济学手册》中的“经济学”章节，第47页）。

在利于历史学派发展的环境中，德国最让人感到自豪的就是经济学研究兴趣与问题的拓展与延伸。这时社会学开始出现。由于没有受到这种革命性理论的迫切影响，因此当时产生了很多亟待解决的问题。对于新一代的学者们来说，它前景广阔，远远超过了经济学本身。就经济学问题而言，摆在人们面前的任务是以前无法想象的，而就理论而言，纯经济学领域之外的问题更是引起了人们更大的兴趣。施穆勒也曾经感叹道：本世纪，自由地生活是一件多么快乐的事情啊。

一些高等院校与经济学教员没有疏离，他们一直在德国发挥着重要作用，也与当时最具活力的学术力量保持着密切联系。实际上这些教职人员除了经济学，对其他的社会科学一无所知，于是他们开始改变自己，不断拓展自己。这难道不是很令人吃惊吗？

这一领域的科学研究开始按照历史脉络进行，至少是世间万物的本质。还有一小部分问题，施穆勒将其比作是大房子里的一间屋子，历史方法有时候是唯一可行的，有时仅是众多方法中的一种。但是尚未解释的是只有历史方法得到了应用，而其他的方法都被认为是不专业的、不科学的，被彻底地排除了官方的经济学范畴。而能解释这一问题的就是德国当时极其繁荣的历史研究，这在德国学术界占绝对的主导地位。哥廷根学派的文明史学家与一些始于尼布尔的杰出历史学家继续着这一研究传统。这在赫尔德之前就已经产生了深远的影响，并深刻影响着赫尔德的一生。这一传统也为浪漫主义运动时期的一般学术思潮奠定了基础，虽然该时期的思想并不属于典型的“历史学派”。[①] 历史编纂学不仅达到了绝对的新高度，而且比其他社会科学在德国的学术界更重要。其他的社会科学无法与之相比。在教学领域，那些优秀的大思想家对历史编纂学做出了积极的贡献，而其他社会科学的学者无法望其项背。那些需要在社会科学领域努力研究的学者认为自己掌握了历史，实际上他们一无所得。

实际上，在19世纪左右的德国，非历史经济学派影响很小。这也是为什么历史学派如此成功的原因之一。尽管理论假设穷其所有可能，但研究兴趣的广泛性还不够充分。早期建立并得以确立的学科能够容忍其研究范畴之外产生了新的问题，也能经得起新问题所带来的话题性冲击，因为新问题的出现会分散人们的研究兴趣。但是对于那些还处于发展初期的新兴学科而言很可能就被抛弃了。学科越严谨、准确，它就越备受曲解，越备受指责其观点坚如磐石，而非不堪一击。但是情况并非全然如此。理论经济学就没有在德国确立起来，也没有深入到人们的思想意识中。就像是一棵外来植物，轻而易举就被人移植了。这一学科的代表性人物影响力不大，其学说也是不尽如人意。人们很快就转变了兴趣方向，将目光投向了研究历史的新一代学者们身上。历史学派



① 此外，很多历史学派的代表性人物都强调，施穆勒谈到的与黑格尔有关的思想观点与实证研究与事实的精准研究是不一致的。德国思想家的学术思想中的哲学思想对浪漫主义运动产生了全方位的影响。很多历史经济学家也倾向于哲学思考。我们认为与德国的旧历史学派相比，施穆勒的具体研究不受黑格尔的影响。但就研究方法而言，黑格尔学派与施穆勒学派还是不同的。但是，我们几乎无法看到历史学派对哲学与理论科学的实证主义回应。因为，首先，理论与哲学没有利益冲突；其次，上述提及的19世纪学术界唯一真实的现象就是带有实证主义性质的哲学思潮，而历史学家与此并无任何联系。

没有尝试去深入研究或是进行改良，而是被遗弃在一边，广受批评与指责。对于下一代的学者而言，接受全面的理论训练也不再是参与该学科研究工作的必要前提条件。这也导致理论著作不再受到关注。但是他们对自己认可的理论的既有评价并未改变。

其他国家与德国的情况不同。理论不仅非常成功，而且历史研究也并未占据主导地位。人们需要的不只是纯经济学，还广泛运用了不同领域的理论。这一思想运动在其他国家产生了某种影响，但是并未取得令人满意的结果，没有产生积极的影响。有的国家与德国的学派有关联，而有的国家则没有。

在英国，古典经济学繁荣之时也出现了反思潮。理查德·琼斯的著作《论伦敦的税收与财富分配》尝试用详尽的历史研究而非理论来解决经济学问题。这本著作产生了一定的影响，同时其第一部分内容也是关于地租问题的。本书揭示了很多与理论相对立的历史学观点。直到经济学历史发展的第六个十年，才出现了很多学术成就，其中最杰出的就是图克与纽马奇 1838—1857 年出版的《价格史》。罗杰斯 1866—1888 年编写的《英格兰农业与价格史》具有开创性，此外还有威廉·坎宁汉 1882 年出版，以及 1892 年再版的《英国工商业的发展史》，以及像西伯姆、梅特兰这样的研究农业与法律的历史学家。汤因比 1884 年出版的《18 世纪的工业革命的讲稿》也产生了广泛的影响，极力抨击了不现实的理论。

克利夫·莱斯利、约翰·凯尔斯·英格拉姆以及后期的阿什利才是真正的德国历史学派弟子。前两位学者，尤其是莱斯利，公开批评理论方法。莱斯利 1879 年发表在《双周评论》的文章是非常重要的，因为这篇文章用英语表明了他对德国历史学派的态度。[①] 这些学者并未进行了历史学的研究，但是却把历史学观点普及给更多的人。虽然他们有一定的支持率，但是其观点带有消极的一面，并没有产生持久的影响。这是因为，首先，这些观点背后没有体现德国人的伟大成就，以及他们对历史的热爱。其次，他们遭到了更为尖锐的批评与强烈的反对。在德国刮起的暴风雨在英国这里仅泛起了涟漪。阿什利的态度要温和很多。在专业的经济学家里出现了一股反对理论的声音，但是很快这种反对声就消失了。英国历史学派学说也产生了一些积极的成果。对历史方法与描写方法的研究日益繁荣，如西德尼·韦伯、比阿特丽斯·韦伯以及布斯等人。经济史在学术课程中有了明确的地位，一些专任教师更多地将它视为是一门辅助学科，而不是理论经济学。[②]

在法国，学者对这一学派的支持一直到现代。这一学派允许详细的历史方法与描写方法自由发展。我们并未在其他方面发现理论方法与经济史之间存在明确的矛盾，也没有发现客观公正的人是如何质疑这两种同样重要的研究方法的。包括勒瓦瑟尔、德·阿佛内尔在内的经济史学家都是非常杰出的，属于这一学派。[③] 他们大多数都是对同时代史料进行研究。勒罗伊·博利厄就是这样一位思想家，基于他人对同时代史料的观察来研究经济



① 英格拉姆(《政治经济学的现状与前景》，1878)深受孔德的影响。孔德的确是被历史学派尊奉为开拓者，但是就黑格尔而言，这种信念确实基于一种错误的认识。如果抛开历史学派所有的特点来看，孔德的知识体系与历史学派的共性是什么呢？

② 我们没有讨论巴克尔的观点，因为他对经济学的影响微乎其微。

③ 请参见《经济学方法研究》(1898)，以及《历史方法在社会学科中的应用》(塞诺博斯，1901)。

学理论。利斯则是将史料与自然法一般学说与具体情况相结合，以体现他对这一学派的态度。与这一学派对立的观点与德国的历史学派有着密切的关系。持这种观点的人主要是1878年新成立的法学院的教授们。他们中有一些人对新议题客观公正，并未受到先前研究的影响。戈维就是这样一位学者，他与莱斯利的研究方法很相似。但这一运动没有产生积极的成果，很快就结束了。法国经济学家基德某种程度上受此影响，他寻找方法以避免法国经济学发展僵化。季特则是将社会－政治的、历史的以及新的理论观点整合在一起。

此外，还要提到的是两个本土化的学派。相比于德国，法国的经济学发展没有超越学科界限，法国经济学家明确了经济学与社会学之间的界限。因此法国的社会学要比德国的社会学发展更快。当然，在德国社会学部分内容与经济学研究是一致的，因此这种研究方法对我们来说也是非常重要的。这让我们可以描述不同的学派及其主要特征。但是要强调的是很多学派在研究方法上是接近历史学派的。勒图诺以及沃姆斯与杜克海姆的弟子们都属于这些学派。虽然他们没有对档案或其他来源的材料进行原创性研究，但是他们的研究都是基于史料、人类学资料以及统计学资料而进行的。材料本身对读者来说不具吸引力，但却是概括归纳的基础。本质上来说，这不算是与历史学派的区别，但实际上区别很大。专门的历史研究变得越来越不重要。就研究的局限性与研究议题而言，与最初的历史研究密切相关的学科界限也逐渐消失。对单个的社会制度与现象，如财产、婚姻、阶层等的研究也成了唯一的目标。甚至历史学派有时也用同样的方式进行研究，但这只

是偶尔发生的事情。这一学派同样出现了很多方法论研究的著作，最主要的有《社会学方法论》(杜克海姆，1895)，《论社会学科》(克莱门·尤格拉，1867)，富耶的《实证主义运动与社会学概念》，以及西米恩最新的著作。他们的共同之处就是对理论方法的憎恶。

其次，我们要谈的就是勒普莱学派。勒普莱的主要作品有：《欧洲工人》第一版(1855)、第二版(1844—1879)，《社会改革》第一版(1864)，《劳动组织》(1870)，《家庭组织》(1872)，《人类基本组织》(1880)。他也完成了《两个世界的工人》与《社会改革》两本专著。一些追随者，如杜马鲁桑、谢松以及雅内也采用了不同的方法。勒普莱学派关注的是社会政治，但我们对他们的观点并无兴趣。更重要的是他对工人阶层生活状况的深入分析方法。他会把单个工人的家庭与家庭预算考虑进去。这种方法从那时开始就已经在德国、美国、英国得到了广泛的运用，虽然对解决某些特定问题不是必要的，但利于我们对社会问题的一般认识。目前它还未产生任何成果，这是它的固有特点，并不暗含着反对观点。从科学上来说，勒普莱学派的很多一般观点都不是太有价值，一方面是因为这些观点并未体现他的才华，另一方面是因为他缺乏最基本的经济学训练。这使得他在任何重要的方面都无法抨击古典经济学家，显然没有读懂古典经济学家的文献。①

在美国、意大利、荷兰与北欧国家，这一历史运动没有发展起

① 埃米尔·德·拉维勒耶也值得一提。他对社会政治社团充满了崇高的理想，有着厚重的历史情怀。他是这一时期一位优秀的代表人物。

来。但是我们发现人们对描写经济学越来越感兴趣。在美国,包括卡内基学院、史密森学会甚至是负责美国工业学会历史纪录片的学者们开始有计划地广泛合作,开展描写工作。他们的兴趣是随着理论的不断发展而提高的。对于任何学派都很重要的历史精神没有得到发展,先前是史料搜集,而现在的方法则有所不同。有时,历史学派的某些重要观点有些反响,但是声音较弱,尤其是在经济学家之外的学术圈,因此它们无法产生积极的影响。很难明确地回答德国历史学派或理论学派感兴趣的问题,哪个学派占主导。根据书卷数量判断,事实研究占绝对优势。按照这一标准,理论占绝对优势。我们可以看到很多经济学家在理论上的成就。将美国经济学会的出版物内容与德国社会政治社的出版物内容做比较,或是研究一下美国与意大利的课本,我们就可以得出一个可靠的观点。考虑到他们的研究议题,与那些观点,我们必须这么做。

5. 这种方法表明了有关原理的争议不是这一主题所固有的。如果事实如此,那么这一争议的原因又是什么呢?争议什么?整个争议有必要吗?耗费如此大的精力本能够有更多丰硕的学术成果。如果彼此之间能够静下心来开展合作,那么他们能够贡献更多的智慧,本应互相尊重的人们就不会彼此疏离。思考这一问题,说明事情不同会带来多么美好的结果,这就如同旧时的历史编纂学。但是我们还是试图来解释这一争议:它是两种研究方法之间的争议,是不同思维习惯的学者之间的争议,是为了活动自由还是占据主导地位。这也体现了解决争议的方法是不同的。因此,在政治斗争中,呐喊往往比那些考究的观点更容易触动人们的心理,激发人们的认识与情感。此外,每种观点都会产生影响,要么是对与之不同的观点进行补充，要么是对观点进行反驳。因此，不断重复的观点已经被彻底驳倒。

在党派所阐述的观点中，彼此都在提醒自己对理论虚无或历史性的苦差事极为厌恶。这种厌恶经不起任何逻辑观点的检验。我们发现党派都是在互相指责对方不科学，常常粉饰自己的观点，认为自己的观点才是优秀的、切合实际的、准确的、现代的，等等。我们也得承认有些对立的观点还是有些道理的。双方的观点都会发生变化，尤其是双方强调与阐述观点的方法。有的时候观点变化还很突然。因此，不考虑其他对立性的观点，就不可能说某位学者持有某种明确的观点。因为很难说清楚每个人话语的准确含义，所以我们认为自己评论几句就可以了。毕竟很难考虑到争论中的每一种观点。

历史学派在早期阶段也批判旧经济学派的政治观点与社会哲学观点，抨击曼彻斯特学派的自由主义、个人主义、理性主义等。历史学派的代表性人物拒绝这样的理论，并认为它是学院派的、推测性的、自然主义的。人们也在怀疑规律是否能适用于社会科学，但这不是重要的。如果施穆勒认为亚当·斯密的追随者不适合教授经济学，那么他一定清楚亚当·斯密学说中的社会哲学思想与政治思想。在这阶段有大量关于方法论问题的深入讨论，因此我们必须按照研究主题而非年代顺序对此进行区分。在这一阶段，人们讨论了归纳法与演绎法的优势，论证每个问题，探讨每个问题的可能性。这一阶段成果并不显著。有关归纳与演绎争议的本质不是逻辑问题，而是史料搜集与分析之间的区别。这种争论在很长一段时间里都被伪装起来了，自然不会产生显著的成果。像“经济学无用论”、“原子主义”等口号都是如此。第三阶段主要是受到了认识论的发展以及专业史学家讨论方法论问题的影响。因为人们开始讨论与经济学无关的认识论上的差异，所以这一阶段面临着新的复杂问题。但有些观点还是得到了澄清。

在这些讨论中，门格尔在方法论上的成就最为杰出，他著有《关于社会科学，尤其是政治经济学方法的探讨》一书。这本著作主张人们跳脱观察与个人观点阶段，通过深入讨论原理来澄清有关方法的争论。这有利于捍卫理论的地位，免遭误解。[①] 这方面要讨论的东西还有很多。就这些观点的历史维度来看，有学者认为经济学理论不是基于事实观察，而是以质疑为前提。本质上来讲，它属于前科学，必然会被事实研究所取代。因此，经济学理论的宗旨不在于深入发展理论，而在于用历史话语来描述并解释其不断变化的理论体系。我们充其量可以承认其确立起来并精确阐述的思想体系，因为这可以用于社会科学的研究。这一任务虽然不是最主要的，但也是具有理论性的。

同样，我们也无法讨论社会科学领域的法则，充其量可以讨论

① 以下的学者也采用了同样的方法：庞巴维克的《政治经济学方法》，《美国科学院年鉴》第一卷；菲利波维奇的《政治经济学的使命与方法》(1886)；《国民生计政策》(1884)；狄策尔的《论经济学的方法》(《康拉德年鉴》，1884)；里夫希茨的《经济学方法研究》(1909)。一些英国的学者也出版了有关方法论方面的著作：杰文斯的《政治经济学的未来》(《双周评论》，1876)；《科学原理》(1874)；凯尔恩斯的《政治经济学的特征与逻辑方法》(1875)，《政治经济学的范围与方法》(第一版，1871)，以及文章《帕尔格雷夫经济学词典中的方法问题》；白芝浩(《经济研究》，1880)与毕歇尔的态度相似：两人的著作对于理解当今交换经济的各种活动是非常重要的。但是其价值也就体现在这一方面。此外很多著作中都有对方法论的讨论，如瓦格纳、菲利波维奇、戈恩、康拉德、塞利格曼、马歇尔等。

经过历史研究、统计研究所发现的规律。这些规律可称之为“经验法则”。“理论”一词也是不合适的，今天人们为了一开始避免产生大量的偏见，往往用“知识再生产”或是“学说”取而代之。尽管具有一般有效概念的理论不是完全可能的，但现有理论在本质上仍是错误的。门格尔反对这些观点，但是很快他就意识到历史依据对于解决大量经济问题的必要性，对个案研究的重要性。施穆勒[①]持反对观点，这就当时的情况而言是有必要的。但是就研究主题而言，他的方法绝非是消极的。他那时不仅意识到了门格尔的某些重要观察是合理的，而且也发现了社会科学与自然科学之间类似的因果关系。他认为用因果关系与法则来解释社会现象是科学的目标。甚至我们发现了非常有远见的观点，即完美的科学应该是演绎的，也就是说当理论前提可以完全解释具体的现象时，就可以达到理想的完美科学的状态。

这种观点也暗示了这种科学状态在本质上是有可能实现的，虽然实际上我们还达不到。它也彻底否认了“不可计算的”历史观，以及社会事件的“不合理性”。与多数学者比起来，施穆勒的研究更为深入。他在《政治经济学词典》中谈及方法问题时，着重强调了社会科学的因果关系以及理论任务。这种方法与他的观点是一致的，即社会科学理论很大程度上需要有历史基础。虽然这些观点与现有理论是对立的，但是本质上与理论根本不存在对立。这种反对观点实际上仅仅是理论内部的反对声，因为一旦历史学

---

① 参见《政治经济学与社会科学的方法论》(《立法年鉴》，1883)；《政治经济学科学与社会科学文学史》(1888)；《变化的理论与不变的真理》(1897)；《社会政治和国民经济大纲》(1898)中也有施穆勒早期关于方法论的论述。

家要基于自身详尽的历史研究得出一般性观点，他就会被迫摆脱具体事实，实现观点的抽象化。换句话说，他实际上俨然是一位理论家了。至于这些一般性观点是什么就不重要了。施穆勒明确指出，无论我们是讨论法则，还是用不同的术语来代表不同的事实，这并无大碍。无论我们怎么命名，其实都是一样的。经验法则指的是在尚未被分析的事实中找规律。可能这些经验法则并不抽象，因为，一方面经验法则数量有限，其次，经验法则信息量太少，令人费解。

彼此对立的学派在谈及问题的本质时会互相攻击、互相指责。而观察他们如何互相指责是非常有趣的事情。甚至是施穆勒学派的支持者，如哈斯巴赫等人[①]也认为应该认可一般有效的经验法则。在人们对理论的敌意消失之前，在人们发现门格尔所强调的一般概念与具体概念之间的差异之前，这种学术态度一直盛行。有人从哲学的角度来解释这种差异，如文德尔班采用“立法”的与“个别”的视角，而里凯尔特采用的是“历史的”与“科学的”方法。但是，这对两种方法之间长期存在的差异没有产生影响，因为人们已经厌烦了这种争议，而不是因为差异的存在导致争论被削弱。

甚至是支持历史学派的新一代学者已不再只关注史料搜集。此时，经济学理论开始焕发生机，不再被战胜。方法论的讨论也失

① 参见《关于国民经济的方法》(《施穆勒年鉴》，1885)；《理论经济规律中会发现什么样方法》(《康拉德年鉴》，1894)；除了历史角度研究的方法论著作外，还有格拉布斯基的《对经济现象的认识》(《图宾根杂志》，1861)；海尔德的《当前国民经济中的原则争论》(《普鲁士年鉴》，1872)；鲁米林的《社会规律中的术语》(《谈话与写作》第一卷，1875)。但是这些学者的观点各不相同。

去了它争论的焦点，主题也随之发生变化：人们开始研究历史认识论[①]，他们开始用历史学家的观点来看待社会学问题。这一思想运动前景广阔，但是这里我们不详细讨论。尽管如此，我们仍然能够发现还存在一些旧时的关于理论假设性质的一般观点，尤其是旧时的争论性观点。实际上，在科学超越了他们之后，后者最近才走进大众的视野。这并不令人感到惊讶，因为大众的观点总是滞后于科学的观点。

当人们开始在有关方法论的问题上达成一致时，这种一致很难被看作是对历史学派的回应，因为它的来源广泛。历史学派往往与政治思潮联系在一起，就如同古典经济学家在他们那个时代所做的一样。历史学派必然会像古典学派一样为此付出代价。最重要的科学原因就是人们普遍支持理论。辉煌时期的经济史学派属于知识科学的一般思潮，那时的问题是如何将所有的知识科学统一到历史－社会现实上来（施穆勒），如今的思潮恰恰朝着相反的方向发展。我们可能会看到令人不悦的一幕，即历史学派遭受着当时理论家一样面临的不公。因此，经济学的命运与法学有相似之处。19 世纪初期，撒文奇与埃希霍恩等人对自然法的激烈反对促使了历史潮流占据主导，经济史学家将其视为典范。自然法的代表性人物越来越消失在大众的视野里，遭受着越来越多的蔑视，直到所有的观点全部消失。而这些观点逐渐进入了“法哲学的



① 参见马克斯·韦伯的著作，尤其是《罗雪尔、凯尼斯以及历史国民经济中的逻辑问题》（《施穆勒年鉴》，1903—1905）；《客观的社会科学知识》（《社会科学卷宗》第十九卷）；《对文化逻辑学的迫切研究》（同上书，第二十二卷）。我们无法一一谈及近些年的历史学与认识论文献。

历史”长河中。某种意义上来说，这与人们在理论经济学中所运用的观点是相似的。

但是，自然法没有消失。它幸存了下来，一直到19世纪末才出现了复苏的迹象。很快它又占了上风。这绝不仅仅是“概念上的法学”复苏。它没有得到历史学派的尊重。虽然在实践中是必不可少的，但是在科学上并未引起人们多大的兴趣。相反，新的思潮就像历史学派一样对其展开了激烈的抨击。新思潮要做的就是在理论上充分理解法律现象与法律逻辑，也就是说摒弃了历史的视角。就其内容而言，这一情况在两个领域是不同的。这是因为两个领域在性质与职能上存在差异。此外，门格尔的观点是正确的，他阐述了法学派与经济史学派之间的本质区别。但是他们的研究方法与基本特征是相似的，他们的命运也是平行发展的。

6. 在讨论方法问题时，常常会涉及另外一个话题，就是数学方法，因此我们要谈一谈。早期，我们可以在一些学者的文献中发现与社会学科领域的观点有关的数学符号，例如哈奇森，或是更早时期的学者。但是本质上并无特别之处。无论你是否考虑到准确性而使用数学符号来表达观点，这都不会改变他们的重要特征。无论我们是使用数值例还是代数形式，这在本质上并无关联。它仅意味着代数形式的清晰度与准确性使得观点更为独特，使得论述免受数字所产生的可能影响。惠威尔在《剑桥哲学学报》第三卷中就曾用代数形式来表达李嘉图的一些观点。此后，这种表达形式更为普遍。在波特凯维茨研究马克思思想体系基础的著作中，他讨论了此方法究竟多适合深入分析。我们在前文已有引述。

库尔诺也创建了一套不同的数学经济学，因为他认为具有更高分析度的思想形式可以适用于很多经济学观点。这些形式确保学者可以对这些问题进行研究,因为科学语言因不精妙而无法做到这一点。函数概念已经显性或隐性地出现在了大多数纯经济学观点中。在我们理解不同变量之间的一般关系时,或是从不同的变量中得出结论时,我们发现数学分析绝对是最为合适的分析工具。同时,用联立方程来描述经济学关系本身就是一种研究方式,这种准确性是其他方法所无法实现的。库尔诺发现维尔弗雷多·帕累托(《政治经济学讲义》,1908)继承了瓦尔拉斯的思想,甚至是超过了洛桑学派的前辈。

在英国,杰文斯还有后来的马歇尔、埃奇沃斯也是走的同样的学术路线,并且获得了很大的学术成功。美国的经济学家费雪也是如此。目前,德国这一学派最为重要的著作是《价格理论通解》(奥斯匹茨,里本,1888)。劳恩哈特(《经济学的数学理据》,1886)也是瓦尔拉斯与杰文斯的追随者。早期,大众无法理解这种语言表达形式而心生厌恶,他们发现数理经济学中有些观点本质上较为特殊,对于自然科学来说这种方法是不恰当的。因此这一学派要为此而努力改变一些人的偏见。人们渐渐地认识到了它其实与理论并无本质区别。它与观点具有一致性,因此对于理论而言也是合理的。它仅仅是借用了自然科学中的一种特殊方法,这种方法与逻辑的基本法具有同样的普遍有效性。如今这种方法在德国以外的国家得到了广泛的认可与运用。曾经极力反对的法国也开始运用这种方法。但是它的应用领域是有限的,它的成效只是在某些方面能够被准确地阐述出来,但是在实践中非常有价值。因此,对于那些想要掌握理论知识去熟悉这种特殊方法的经济学家来说，它到底是权宜之计还是确有价值的，值得讨论一番。[①] 毕竟这一问题会被那些漠不关心的反对者所利用。

7. 我们要简要阐述一些历史学派通过历史研究得出的一般观点。

(1)相对观。所有知识都要与某一专门目的相适应，否则就是无效的。但是我们所说的相对观不是指认识论。首先，详尽的历史研究比任何方法都能说明经济学领域存在普遍有效的具体规则这一观点是不堪一击的。历史学派甚至在科学知识的界线内也一再强调这一观点。尽管我们发现李嘉图和马克思等人也有过这样的观点，但是从未系统地阐述过。为了对抗一般有效知识的可能性，即普遍法则，人们逐渐使用社会事件的历史起因的观点，但是很快就不用了。

(2)社会生活一体观及其要素联系观。这种观点认为即使史料研究的发展是必然的。历史研究对具体事实进行剖析时必然会导致信息的流失，因此历史学家是极力反对去叶摘花式的做法。历史学家希望用整体事实观来取代某些理论假设，其逻辑形式就是经济学他律的观点。不幸的是，这种观点是不现实的，并未得到主张，施穆勒抛弃了这种观点。但是突破纯经济学学术的限制俨然是一种趋势，不关注其他领域的专家学者也遭到蔑视。[②] 现代

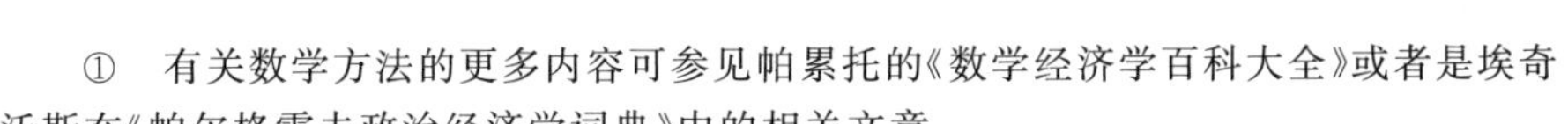

① 有关数学方法的更多内容可参见帕累托的《数学经济学百科大全》或者是埃奇沃斯在《帕尔格雷夫政治经济学词典》中的相关文章。

② 学者们已经开始去探索没有任何限制的研究领域。社会科学领域的学科发展越是迅速，普遍的社会学观点就变得越是模糊、遥远，总结性的观点就越是不完美。放弃专门的经济学学科就意味着放弃学科进步的可能性，因为经济学家会逐渐远离他的研究任务。但是在德国基本上是被放弃了。《致施穆勒的礼物》的序言中曾写到，我们是否要提统一的经济学学科是有疑问的，而这种质疑是有意义的。实际上我们不能就此从一些经济学家那里得出他们对它不感兴趣。

的认识论明确区分了现实事物与认知事物,与重要的实现概念存在于自然科学与社会科学中。这在很大程度上限制了争议的领域。实际上,自然界的所有现象之间都有着密切的联系。

(3)反理性主义观。人们从历史中获得了最为不同、最有价值的经验:就人类的行为而言,其动机具有多重性,逻辑认识不是最重要的。这也可能是受到了超历史因素的影响。无论有无可能,试图理解人类行为动机的历史学家只发现了一些简单的动机,而没有发现人类意识性的动机。他们根据无法推理的规则,把人类行为看作是必要之事,无须讨论。他们观察人类行为显然是受到了一时冲动的影响,不合逻辑。不仅历史学家这么观察,整个历史学派都确立了这种经济学观点。最初它是以道德观点的形式来观察,后来则是为了能够反映个人及大众心理来观察。就这一点而言,历史学派值得称赞。人们错误地认为这种观点是反对纯粹的理论,理论的心理基础得到改善的话,它就会再次崛起。第一,纯粹的理论不同于动机说,它不仅仅是一种利己主义的自然现象。第二,在经济生活的参与者眼里,有意识的经济动机在经济事务中发挥着重要的作用。必要的情况下,我们应单独处理这一问题。只识别道德动机是远远不够的。但是如果我们要研究社会心理学,我们只能在新的基础之上去研究,而不是固守旧的理性主义。格拉哈姆·华莱士《政治学中的人性》(1906)的观点让人印象深刻,他只考虑有意识的动机。就如同解剖学家说他可以忽略身体里的肝脏,那我们必然会对之印象深刻。而经济学与解剖学有很多不同的地方,但是没有人注意到这一点。

(4)进化观。就理论假设而言,这种观点众所周知,参见马克

思。实际上所有的学术理论体系都表明了进化的力量。每本教科书都有专门章节讲述“研究进展”内容。虽然这种观点源于不同的知识领域，例如赫伯特·斯宾塞与他的社会学等，但是它给历史学家留下了深刻的印象。这是因为历史学家研究的事实本身就是不断变化的。在进化问题上，历史会告诉我们一切。因为相较于用我们的智慧去重构事实，这种方法很难，也不值得孤立地来研究这一现象。进化理论必然会充分地利用史料。

(5)个体关系的兴趣观。在社会学领域，人们常常认为我们更加关注对具体的个体关系的研究，而不是对事件一般性质的研究。重要的是这些具体的事件和条件是如何建立的，具体原因是什么。显然人们认为第二个问题是无趣的，或者是不言自明的。实际上，对我们而言，某一场战役以及导致战争爆发的一系列事实更为重要，例如一棵树成为可辨认的单一样本的系列原因。而社会学的任务就是阐述我们感兴趣的现象的具体原因。除了为一般问题的解决提供丰富的史料外，社会历史学家也要肩负起史料描写的责任。

但是，人们可能会忘记这恰恰是社会学科与自然学科不同的地方。因为对于自然学科而言，某一原因的个体差异也很重要。所有的应用学科也是如此。其次，他们可能会忘记对事物一般性质的研究本身就是非常有趣的。再者，没有这方面的研究，也就不可能开展对具体原因的研究，或者是研究方式不令人满意。尽管这种观点受人称赞，但是不能说坚持这一观点的学者就一定会理解经济学的性质。它的优势在于人们可以按照这一点去研究，经过四十年的研究一定会有所成就。而人们是否能把理论转化为实践，每个人都有自己的判断。我们不知道一系列的事实会带来如此多的具体数据和关注，因此我们会说我们的研究已经很充分了，不需要对其过多关注了。不同的是在这一过程中，理论遭受的损失是不可恢复的，至少是不可避免的。

(6)有机观。让历史学家感到极为不悦的是对社会事实的机械论认识。它的确在实际应用中广受欢迎，人们也从来不问这一术语有这么多层含义，哪些是他们可用的，哪些是他们反对的。有机观与历史学派有着密切的关系，好比社会身体与物理身体的关系。历史学派，如谢非尔等从未夸大这一观点，但是它总是强调经济学并非彼此独立的经济个体的简单组合，经济学现象不仅仅是个体现象结合的结果。历史学派根本没有理解有机观虽然有局限，但可以应用于纯粹的理论假设中。受亚当·穆勒影响的有机观认为国民经济是不同于各种个体经济的，立于个体经济之上。今天，这种观点也被彻底抛弃，被另一种观点所取代(参见施穆勒的文章:《经济学》)。该观点强调个体经济构成国民经济，同时不同的个体经济之间有着紧密的联系。这些联系要比经济学理论所阐述的联系更为重要，并影响着经济体内的每一个体。他们赋予个体不同的行为，而解释方式也与经济学理论不同。历史本身并不会为这种行为而创造一种理论，这是大众心理学的职责。由于它使用了大量的史料，因此受到了历史学派的欢迎。由于这些相互关系构成了纯经济学的关系，因此国民经济学性质的阐述仅意味着理论知识解决了它能解释的社会事件的部分内容。这一点也是多数代表性人物所强调的。尽管这种说法没有了批判的精神，

但依旧是非常重要的。详尽研究方法的本质也使得我们无法简述其研究成果，因此要转向更有优势的理论领域。

8. 理论分析自19世纪70年代开始复苏，到90年代已被众人熟知。但是理论假设与人们对事实研究的兴趣相悖，经济学理论又无法解决社会科学领域不同的问题。因此它的复苏并没有改变理论假设与经济学理论不再发挥其在古典时期的作用这一事实。当时的经济学是唯一一门发展完善的社会科学，言简意赅地回答了很多高难度的问题。想要对当代问题或是社会问题论说一二的经济学家必须要接触社会科学的其他领域。显然，他会因为只关注纯经济学领域而受到一定的蔑视。但这不会妨碍经济学发展成为一门专门学科，而会使得经济学的发展很难更进一步。因为人们发现很难理解经济学而转向了其他领域。表面上来看是显而易见的，但是如果我们仔细分析，会发现实际的情况更为糟糕：对理论漠不关心的经济学家少之又少，大多数经济学家和理论的联系并不紧密，多多少少是批判性地接受了它的某些基本特征。真正把毕生精力投入到理论中的经济学家是很少的。这一点对于理解这一时期理论经济学的发展是非常重要的。

而新的发酵物就是所谓的效用边际理论。它改变了现代理论的内在结构，使得它与古典经济学家的理论十分不同。我们之前已经提过了，在此基础上的理论已经复苏。早期的经院学派（如比尔），以及后期的自然法学派（如普芬多夫）的著作中都有关于理论的观点。这是可以理解的，因为边际效用理论，像大多数学科的基本观点一样，都是极其简洁的，不需要详细阐述。杰诺韦西和加里亚尼的著作中更是如此，尤其是孔狄亚克的著作。[①] 在 19 世纪的德国，许多经济学家已经朝着边际效用理论的方向发展，赫尔曼最为突出。戈森 1836 年出版的著作《人际交往法则》曾首次大胆地提出了边际效用理论。他已经完全意识到了这一理论的重要价值，但并未得到关注。杜普伊分别于 1849 年、1884 年在《桥梁与道路记事》上发表过两篇文章。他与瓦尔拉斯也是重要的理论支持者。詹宁斯 1855 年的著作《政治经济学中的自然原理》阐述了需求满足法则。奇怪的是他的很多没有价值的观点与戈森颇为相似。此外，还有麦克洛德。卡尔·门格尔的著作《国民经济原理》出版于 1871 年，杰文斯的著作《政治经济学理论》于同年出版，实际上在 1862 年的《皇家统计学会期刊》上发表的文章已经阐述了其基本思想。瓦尔拉斯 1874 年出版了《纯粹政治经济学纲要》，其核心观点在 1873 年的回忆录中已有所体现。60 年代的这些著作为边际效用理论体系的建立奠定了基础。80 年代，主要是庞巴维克的作品。他 1886 年在《康拉德年鉴》上发表了《商品经济价值理论纲要》，1884 年出版了第一版的二卷本《资本与利息》，1888 年出版了第二版的第一卷，1902 年出版了第二版的第二卷，1912 年出版了第三版的第二卷。弗里德里希·冯·维塞尔 1884 年出版了《经济价值的起源及主要规律》，1889 年出版了《自然价值》。

早期这一学派的经济学家遭遇了下述的情况：在法国，从萨伊

① 他 1776 年的著作《贸易与政府的比较思考》是 18 世纪最为重要的文献之一。孔狄亚克，作为一名经济学家，是站在了重农主义学派的肩膀之上。他的学说成功取代了重农主义学派的不足之处，是有价值的理论学说。但是这本著作并没有取得很大成功。同样还有伊斯那尔的《财富论》。

发展而来的学派一开始就不看好边际效用理论。布洛克(《亚当·斯密之后的经济学发展》,1891),莫利纳里、古约特、勒罗伊·博利厄等大多数学者全盘接受了其基本思想。但是初期他们的冷漠阻碍了边际效用理论的发展。这些学者也明确反对瓦尔拉斯的数学观点,他们对此极不信任。这种不信任感在很长一段时间内削弱了瓦尔拉斯的影响力。我们原本期待在德国能看到类似的发展情景,但是以赫尔曼和杜能为代表的这一学派在洛贝尔图斯与马克思的影响下早已失去了优势。这也促进了李嘉图学派的复兴。不久,在恩格斯和考茨基的领导下马克思主义学派发展了起来。那些不属于这一学派但对理论感兴趣的思想家开始关注洛贝尔图斯和英国经济学家李嘉图。

这些学者看到了边际效用理论令人生疑的一面,因此开始批判它的基本原理。他们得到了没有谈论该理论的专家的同情,因此并不欣赏新的理论架构。他们重视旧理论的历史作用。在英国,杰文斯对李嘉图与穆勒的抨击惹怒了理论学家,导致一些古典理论的代表人物更加坚定地支持两人的观点。这种批评得到了广泛的支持与响应,但不是所有人都支持,毕竟只是一种批评声而已。

在意大利,边际效用理论在早期就显现出来了,但是并未胜过本土学派。经济学家后来直率地接受了新学说,并采用新的方式来阐述该理论。荷兰的情况也是如此。

边际效用理论并非直接破土而出,而是一些杰出人士先行探索,后又成功地培养了自己的弟子,才使得该理论得以广泛传播。这也进一步解释了该学说是如何被人接受,并得到进一步发展的。

他们只能通过写作的力量来对抗那些经济学家的冷漠与反对。当我们在思考某一学科的历史时，知性论错误会使得我们忘记一个学派如果没有外部支持很难建立起来。因为没有这样的支持，初期形成的观点就很难被潜在的学生所知晓。缺少相应的第二线防御，日常的文字游击战也无法进行。[①] 尤其是在法国和德国，鉴于两国高度重视学术教学的重要性，我们不得不考虑的外部因素就是瓦尔拉斯的支持者不允许在法国的大学任教，而门格尔的支持者不允许在德国的大学任教。[②] 因此，不难理解的是边际效用理论被忽视，同时还伴随着各种批评之声。这种批评之声要么是由于不熟知这一理论，要么是对其产生了误解。某些流行语的产生不仅使得大众对边际效用理论有所耳闻，也使得从不关注这一理论的专家学者有所熟知。但那时很难说读者不存在偏见。



因此，有必要提及一种批评声，即边际效用理论是一种“曼彻斯特自由主义”。但这种批评声并未改变边际效用理论与曼彻斯特学派在经济政策领域毫无共同之处的事实。边际效用学派的两位创始人在社会政治领域的观点非常激进，而瓦尔拉斯是一位社

---

① 这有利于我们认识这些革命性观点是如何产生的。重农主义学派就是很好的例证。他们起初只是为了战胜巴黎学派。而就外部环境而言，法国文献的广泛声誉给予了他们很大的支持。另外一个很好的例子就是进化论形成的方式。这一思想运动的战略家就是莱尔。他不仅等到所有的决定性武器都完成，而且他也决定把地质学作为他的第一个目标。然后他对所有著名的英国经济学家进行游说（是否有外国人尚不得知），让大多数人相信，或是使其中立。很快他就大获成功。但是这种策略对于边际效用理论的三位创始人来说是陌生的。即使他们希望采用这种方法，但是也没有机会。因此，他们同一时代的学者依旧坚持传统的学说。

② 边际效用理论的代表性人物通常也被称为是“奥地利学派”。起初，他们在奥地利形成了一个小团体，但是受到了极力抵制。

会主义者，不是正统的社会主义者。即使很多人因熟知这一理论而持赞成态度，但是这种争论从一开始就很难使得边际效用理论被人接受。尽管这些争论者无法驱散，并且还以夸张的方式来强调那些不重要的观点，但是人们依旧不断抗议。人们至今仍在讨论边际效用理论原理是否正确。我们要讨论一下庞巴维克与狄策尔之间的争论。[①]

很长一段时间，人们都在讨论边际效用理论的重要性与应用性而非理论本身。它已经过了那个备受争议的时期，很大程度上被人慢慢接受了。这种变化最先体现在英国，尤其是马歇尔引领英国的理论走向了新的学术道路。他非常尊重古典经济学家，冷静批判地看待杰文斯和奥地利学派，但是很少提及瓦尔拉斯。实际上，他是吸收了他们的观点，尤其是瓦尔拉斯的观点。很可能是他在区分他们的观点时忽略掉了这些观点，读者并未觉察这一变化。在他的著作中我们看到的是具有古典学派方法与古典学派观点特征的形式，而非本质。此外，他也与古典经济学派保持着密切的联系，因为他完全重述了他们的观点。这种变化更为彻底，未遭到反对，虽然只有威克斯蒂德完全支持边际效用学说，公开拒绝古典经济学家的学说。[②]

---

① 狄策尔在他的著作里公开地批判：《康拉德年鉴》(新编)中有一篇文章是《古典价值理论与边际效用理论》，祖克坎德尔在同一卷以相同的题目对此进行了回复。后来庞巴维克发表了《价值理论的中间阶段》，狄策尔在新编版的第一卷发表了《古典价值与价格理论》，回应了庞巴维克在第三卷中发表的文章《价值、价格与边际效用》。这是奥地利学派最著名的学术辩论。

② 威克斯蒂德著有《经济学科入门》《论分配法则的协调》《政治经济常识》。埃奇沃斯与马歇尔的立场相似，但是他更像是一位古典经济学家。很多英国的经济学家都值得一提，尤其是阿瑟·赛斯尔·庇古。

大多数荷兰学者[①]和一些瑞典、丹麦学者开始转向边际效用理论。在法国[②]，边际效用理论的发展也非常活跃，这也使理论研究得以复兴。美国[③]和意大利[④]也出现了一批有关边际效用理论的教科书。

在德国，菲利波维奇在他的纲要中也支持这一学说。也正是他的纲要使得原本对该理论不感兴趣的理论家熟知这一理论。它在其他国家也获得了成功，但是相较于非理论家依赖不同学者的基本观点这一事实，这种成功不是很大。只有奥地利学派是无条件地支持这一学说，如我们曾经提到的祖克坎德尔、梅耶、马塔亚、萨克斯以及舒勒等人。

虽然到今天还存在反对声，但是反对声越来越少了。德国的理论家对其进行了改进，称之为是“折中主义”。该观点如下：边际效用理论的基本原理既有价值理论，也有价格理论。除此之外，人们还是坚持以前的观点。阿道夫·瓦格纳(《政治经济学教程》，1876—1879)认为洛贝尔图斯和谢非尔与他的立场最为接近。他仅用有限的篇幅讨论了边际效用理论。



目前，我们还没有讨论谢非尔。实际上，很难把他放在经济学

① 皮尔逊是最为杰出的经济学家。他著有《政治经济学原理》(1884—1890)。他的支持者有海曼斯、德·奥尼斯、博戎、哈茨、法肯伯格、威海因·斯图亚特等。

② 法国的学者有季特、阿德尔费·兰德里以及李斯特。

③ 美国的经济学家，如菲特、帕滕、费雪等都是无条件地支持边际效用理论，而像克拉克、塞利格曼、康芒斯、达文波特、希格则是有条件地支持这一学说。陶西格也是如此，而伊利等则走得更远。韦伯伦则是明确地反对边际效用理论。

④ 在意大利，帕累托和庞塔里奥尼是杰出的边际效用理论家。奥古斯都·格切尼、里卡·萨莱诺、科萨，马佐拉、科尼利亚尼、巴罗内也是支持该学说；洛里亚、苏皮诺等人反对。详见《最新的意大利国民经济理论》(舒勒恩·施拉特恩霍芬，1891)。

说史中来讨论。他吸收了同一时代在社会政治、历史以及社会学领域的观点。同时他也是一位理论经济学家。他的观点阐述得很成功，提出的观点也很新颖、系统，但是他的影响力有限。（参见施穆勒的《政治学与社会学学科史》；费边·萨格尔的《谢非尔及其国民经济理论》）他的主要著作有《国民经济》(1861)，《人类经济的社会体系》(1867，1873)，《资本主义与社会主义》(1870，1878)，《社会构造与社会生活》(1875—1878，1896—1897。)这些著作的确产生了促进作用，但是很难说出一个新颖而有影响力的观点。

莱克希斯(《经济学概要》，1910)也采用“折中主义”的观点，批判地接受这一理论。在他有关法国出口保险费的著作里，他对经济史的态度就能说明这一点。他很快就从基本理论问题转向了实际问题。在他的经济学著作里，边际效用理论都是基于古典学说，或者至少是含有他对古典经济学家批判的观点。迪尔与波特凯维茨也属于这一学派。总之，这一时期充斥着激烈的批评声，令人不悦。我们试图积极寻找这一理论新的理论基础，但是无法对最新的发展阶段深入分析。

边际效用理论的支持者描绘了这一经济过程的整体情况，尤其是对经济体内不同构成及其相应作用的描述。这与古典时期并无本质区别。但是，边际效用理论主要强调的是复杂问题，也就是决定价值与价格的基本要素。而古典经济学家则对此有所忽略。古典经济学派，尤其是李嘉图与他的学派满足于研究自由竞争的影响，主张由此产生一种法则可以决定价值与价格。正是基于这样的观点，他们很快就发现了一些客观事实，如玉米的价格、工人的数量受到人口法则、土地利润递减法则的制约。当然他们也会将制约价格与收入的具体法则结合起来考虑。

边际效用理论最初是试图详尽地研究经济活动中产生的各种事件，没有介绍外加的具体事实。它把解释价格决定因素的性质与不同的收入形式作为研究重点，因此从一开始它的研究方向就不同。因此，诞生的经济学是一门与众不同的、更为纯粹的学科，它包含大量非具体的、非真实的材料，没有太多总结性的观点。但是它的构建基础是相当稳固的。从这点来看，经济体内不同单位之间的相互关系体现得更为明显。显然，古典经济学家那些僵化的因果关系链不可能被接受。他们认为只有客观事实才是最重要的，而价格决定过程并未包含任何与此相关的东西。这种观点很幼稚，毫无根据。

边际效用理论完全抛弃了与古典学说看似相近的观点。这意味着它们不仅是对古典经济学进行精细的阐述与补充，实际上是进行修正。这种修正使得有的古典经济学观点变得不相关，有的甚至是错误的，尽管它无法用同样简洁的观点取而代之。边际效用理论学者比古典学派学者更清楚地认识到基于具体事实的观点源于不同时间、空间中的事实，不可能一次就能确立起来。我们需要谦逊地来看待边际效用理论，但是反对者则指责这一理论是空洞的。

新理论与旧理论的第二个本质区别在于新理论不再把劳动力数量看作是决定与衡量商品价值的影响因素，更别说其他的成本理论，同时强调要思考并发展使用价值概念。强调这种变化，于经济学中的主观价值学说而言有四大优势：更准确，因为不同的成本理论顶多是近似有效的，它们从未基于可解释的客观事实来研究成本现象；更为简洁，因为劳动价值理论使得许多已消失的补充性解释变重要了；更普遍，因为所有的成本理论最初仅指自由竞争中生产的商品，部分指的是随意增加的商品；他们只是在某一时期是有效的。主观价值学说涵盖了所有的商品，无论是否是在垄断条件下生产的，无论是否能够增加产量，无论生产周期是长期还是短期。最后，边际效用理论使得经济学观点更有关联，因为对于大多数问题而言，满足需求的条件与需求变化的方式要比商品中为满足需求而消耗的劳动力数量更为重要。

边际效用理论把使用价值看作是一种个人心理。它也仅仅是伯努利、戈森、詹宁斯等人提出的需求满足法则。[①] 这种源于个人心理学的研究方法产生了两大反对派。首先，第一种反对派反对个人主义与原子主义。政治个人主义与源于个人纯经济学目的的方法之间的区别未明确。政治个人主义认为个人是社会现象产生的独立个体，仅仅是这些起因的结果体现。而边际效用理论学者对这些反对声音的回应方式则有所不同。一些学者忽视这些反对观点，而其他人则是从本质上否认这些观点的有效性与价值。还有部分学者认为在考虑这些观点时应强调社会因素。

在第二种反对派中，我们注意到他们使用了“社会使用价值”，强调对社会团体而非个人的评价（如维塞尔以及克拉克学派）。此处不深入讨论这些内容，唯一要提的就是马克思主义阵营发出了一种不同的批判声音，即边际效用理论只是阐述了雇主的边际情

① 这一法则，无论对错，都与精神物理学的法则密切相关。具体可参见韦伯的《边际效用理论与精神物理学的基本法则》(《社会学档案》,1908)。

况;如果从个人主义的视角出发,他们无法看到经济过程中的客观条件与结果。[①]

其次,就其理论起点而言,边际效用理论与心理学,哲学享乐主义密切相关。其代表性人物也被称作为享乐主义者。这首先就暗含了人们对经济学中掺杂心理学思考的指责,以及人们对过时的、错误的心理学的关注。大多数的边际效用理论家都试图来回应他们并没有成为心理学家,仅仅是从心理学经验出发的,而其他人则力图避免自己的观点带有心理学的色彩,严格地以外部可观察的经济学事实为出发点。[②] 只有一部分学者揭示了心理学与边际效用主义的关系,最杰出的就是杰文斯。我们可以用反对边际效用主义的观点来取代他的边际效用观点,没必要摒弃他的经济学观点。还有一种带有理性主义色彩的反对声,它反对心理学出现在边际效用理论家的著作里。它与现代的职业心理学学派是同时发展起来的(如麦农、厄伦菲尔等)。

边际效用理论内部发生的分裂可以追溯到以西尼尔与凯尔恩斯为主的古典学派的影响。奥地利学派只把产品的使用价值看作

① 但是,正如波特凯维茨在其有关马克思的著作中写道,无论资本主义的计算方法是多么的无趣,它对资本主义现实来说都是非常重要的。此外,我们一再强调马克思的观点也取决于个体行为的设想,因此这些设想自然是用个人心理学的语言来表达的。

② 例如帕累托、巴罗内、奥斯皮茨、里本等。狄策尔在回应维塞尔的观点时,声称边际效用理论是心理学而非经济学理论,具体可参见维塞尔的《国民经济理论的本质与要义》(《施穆勒年鉴》,1911),庞巴维克的《资本实证论》(1912,p.120),《享乐主义与价值理论》,《价值标尺与情感标尺》。里夫希茨的文章里总结出了有关边际效用理论的心理学研究的反对观点,如《对庞巴维克价值理论的批判》(1908),以及我在《国民经济、社会政治以及管理杂志》中的评论(1910)。

是现象解释的理论基础，然而杰文斯把“劳动的负效用”看作是商品价值形成的第二因素。这与杰文斯以快乐与痛苦来计算的经济学观点有关。后期的经济学家，如马歇尔增加了“等待”这一因素，西尼尔补充了节制。这些观点在英国与美国盛行（除了马歇尔，还有埃奇沃斯的文章《庞巴维克教授有关价值的终极标准》，《经济学期刊》，1897）；克拉克的文章《价值的终极标准》，《耶鲁评论》，1892），但是这些学者的理论基础是一致的，都是纯粹的使用价值理论，尽管还能看到部分的成本理论。但对利息问题而言，则大不相同。[①]

在讨论心理学是否能被引入经济学时，还存在一个价值标准的问题。当专家发现劳动力的最佳的客观衡量标准消失时，这一问题就变得很重要了。在斯密之前，人们已经讨论了交换价值标准的问题，并且发现标准本身也在变化。所有的古典经济学家都讲这一点，然而使用价值理论的老一派支持者，如萨伊，坚持认为商品交换价值等于市场中可得的商品数量。尽管在实践中人们会对不同商品之间的价值进行比较，但是不可能测量使用价值。而价值的心理学理论似乎也需要经济学理论中有这样的使用价值标准。人们不断地质疑是否能衡量“大量的集约度”，尤其是否要去比较不同人的评价。但实际上没有必要进行这样的比较以及衡量一个人的评价。如果按照如下公式，我们就可以从客观的事实中有所发现：对个人而言，一个商品的价值可以用另外一个商品的价值来测量，而经济个体并不关心在这两者之间所做的选择（费雪，

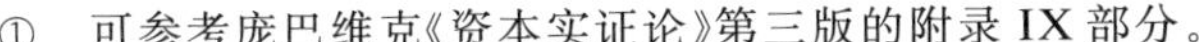

① 可参考庞巴维克《资本实证论》第三版的附录 IX 部分。

《价格理论的数学研究》,1892)。帕累托、伯尼西格尼等人支持用一个人的选择行为来测量价值的方法。或许用不同的方法可以解决这一问题中的难点。①

边际效用理论所关注的主要事实、成就以及其他的事实基础就是商品的边际特点决定经济体内所有的个体活动,尽管其表现与需要因素相反。首先,有必要去处理传统价值观中自相矛盾的地方,即边际与价值的对立,这已经得到了解决。需要范畴与需要刺激之间的差异,一个商铺的总价值与该商铺中部分商品价值之间的差异可以解决这种对立。边际效用价值概念的重要性也在于此。② 这一基本原理可以解释所有与价格决定因素有关的客观事实。显然,人们从未怀疑过与价格问题中的需求方有关的事实能否得以解释。只有边际效用理论是价格问题中的供给方的理论基础,并把成本看作是价值现象。很多批评家都忽略的主要成就是经济生活中盛行的以成本来估算商品的方法仅仅是实际关系的缩写。这种关系可以借助于使用价值要素来解释。企业家的计算仅仅反映了部分消费者的估算。个人对商品的估算是以他在市场中可得商品的使用价值为依据的,即可交换性(主观交换价值),而主观交换价值是以使用价值的选择性估算为基础的。借助于这个单一原理,可以对交换经济中的所有活动做出统一的解释,也有利于



① 参见《需要理论》(丘海,1907),以及庞巴维克文章的附录 X。

② 在德语中使用“grenznutzen”一词,英语则是“final utility”,法语使用“rareté, utilité limite”。帕累托创造了术语“ophelimité élémentaire”以排除“价值”与“边际”的第二层含义。

澄清成本与价格之间的关系。[①] 古典成本法则认为自由竞争中的成本趋向等价于利润，如今只是解释更具说服力，内涵更为深刻。如果把供需之间的相互作用比作是一把剪刀的两片刀片之间的合作（马歇尔），那么边际效用理论不存在对立的观点，双方都是基于同一因素。也就是说如果生产成本等同于生产的剩余效用，那么有可能采用了同样的生产方式（如机会成本与置换成本）。[②] 英国学者则基于劳动负效用与娱乐延迟来讨论该问题中的供给方问题。该观点通常以反对的形式被提出，但与纯使用价值理论的差异相当小。

在此基础上也出现了古典学说体系所没有的价格理论。庞巴维克与瓦尔拉斯提出并做了详细阐述。本文暂不涉及，只是要强调除了大量的个人成就外（如垄断理论、税收转移理论、国际价值理论与交通税理论），这一理论有利于我们全面了解经济过程。而古典理论的重要性在于片面地强调某些特殊情况。该理论第一次根据明确的概念，用同一的解释原理来描述国民经济体中个体之间的互相作用与职能。它的确不如古典经济学家的理论具体，只是部分的事实具有统计的特点。如果我们不止于一般意义上来理

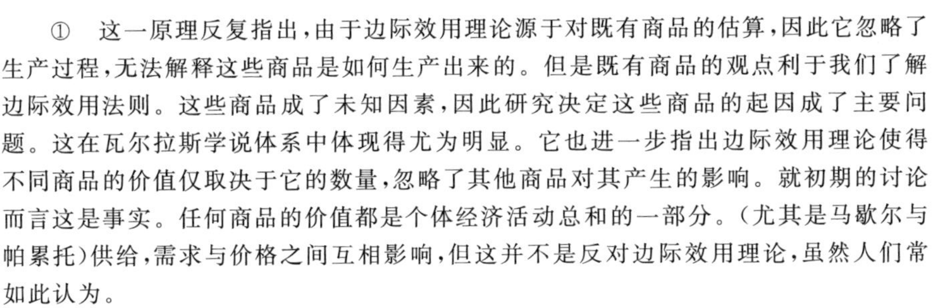

① 这一原理反复指出，由于边际效用理论源于对既有商品的估算，因此它忽略了生产过程，无法解释这些商品是如何生产出来的。但是既有商品的观点利于我们了解边际效用法则。这些商品成了未知因素，因此研究决定这些商品的起因成了主要问题。这在瓦尔拉斯学说体系中体现得尤为明显。它也进一步指出边际效用理论使得不同商品的价值仅取决于它的数量，忽略了其他商品对其产生的影响。就初期的讨论而言这是事实。任何商品的价值都是个体经济活动总和的一部分。（尤其是马歇尔与帕累托）供给，需求与价格之间互相影响，但这并不是反对边际效用理论，虽然人们常如此认为。

② 参见《价值与分配》（达文波特，1908）。

解经济过程的特征，就必须要求真正的准确性。目前为止，这条学术道路刚起步，而理论架构已经完成。真正重要的争议话题将不存在于价格理论中。

边际效用理论的基本思想并未使它的支持者在货币问题上明确立场，因此在任何的货币理论框架下都适用。货币问题的特殊性质使得同一原理下出现了不同的解决方法。门格尔在《政治经济学词典》中著有文章《货币》，他发展了货币理论。我们可以使用这一术语，将其称作是“金属的”。杰文斯、帕累托等人也持这一观点。瓦尔拉斯与维塞尔则是发展出了完全不同的货币理论。他们认为货币的物质价值是第二位的，并进一步解释了货币因其在国民经济体中的作用是如何而决定价值的。货币数量理论也试图用这种方法来解释，但是它的观点过于僵化，缺乏说服力。另一方面，上述谈到的新理论试图用类似于现代价值理论的方式来解释探究问题的本质，这与古典的价格法则颇有相似之处。这一新理论与该领域中的思潮运动有关。这些新概念已经逐渐地确立起来，并产生了丰硕的成果。在英国，口授的方式也在悄然发生变化。其中，要提到的就是引起广泛关注的克纳普的《货币的政治理论》(1905)。虽然赫弗里希、马特罗、拉夫林、弗维尔等人的著作中仍然坚持传统观点，但是莱克希斯、洛兹等人对货币问题的讨论逐渐使得大多数经济学家转向新的观点。

分配问题是新经济学理论中的重要问题之一。与古典经济学家对不同收入形式做出的独特解释相比，边际效用理论则统一确立了它的基本思想。它继承了生产性服务理论。但是面对一些反对声时生产性服务理论是失败的。反对者认为在生产中不同的生产要素都不可避免地融入在产品中。或者说根本不可能讨论这些不同要素，因为所有的生产方式对于商品的生产来说都是同等重要的。生产性服务与生产要素所有者的报酬没有关系。另一方面，借助于边际分析可以证明我们能够准确理解“生产要素产品”的经济内涵，同时在日常的经济生活中，要对不同的生产要素进行区分。

价格理论则解决了剩余的问题。它证明了不同生产要素的贡献价值是收入形成的基础。但是反对者认为无法真正区分生产要素中单个要素的贡献值。这种观点一直持续到我们的时代。总体而言，凭借生产要素的边际产品来解释不同的收入形式以及他们的收入值已经是毋庸置疑的了，尤其是在美国、英国、意大利以及法国学者的文献中。

归属理论则有所不同。门格尔、维塞尔、庞巴维克等奥地利学派支持边际效用理论也支持这一理论。该理论把产品价值和价格与生产方式的价值和价格联系了起来。它也指出生产方式的价值体现产品的价值。虽然我们没有在其他的边际效用理论学派发现对这一问题的研究，他们也只是一时或充满敌意地提到了“归属”，但是我们依旧在马歇尔的“替换法则”与克拉克的“变异法则”中发现了问题的本质。

这些基本原则虽然表面上不具统一性，但并无本质区别。[①]

① 工资理论与地租理论本质上是一致的。工资等同于劳动边际产品。地租理论并未完全从李嘉图的模式中解放出来，但是价格不会包含地租的经典论断也失去了它的价值。于是像马歇尔这样支持李嘉图的学者确立了土地生产力与地租之间的联系。在现代理论中，地租概念发挥着重要的作用。因为古典经济学家已经用边际效用来分

这些差异对我们洞察整个经济的社会过程与社会的经济结构、资本利息问题是非常重要的。在1884年,庞巴维克的批判性著作问世,它不仅站不住脚,而且对利息的现有解释较为肤浅。但它为利息理论开启了新纪元。这本著作与四年后出版的《资本实证论》培养了许多利息理论家,无人不受他们的影响。在所有有关边际效用理论的著作中,这两卷产生了深远的影响。这种影响体现在利息理论家表达问题、回答问题的方式上。受此影响,他们甚至拒绝了庞巴维克所提供的利息问题的解决方法。他的解决方法是基于现有消费品与未来消费品之间的差异来解释利息现象。这种差异体现在三方面:首先,满足于经济生活中成员的现有供给水平与未来水平之间的差异。其次,人们认为未来的需求满足不如现有的需求满足鲜活生动。因此,经济活动更多反映的是现有的享乐,而非未来的满足预期。经济生活中的个体在特定情况下更愿意购买现有的享乐。再者,现有价值与未来价值之间有差异,因为对于经济个体而言,没有必要通过生产为他们的基本生存提供用于享乐而占有的商品,例如原始的寻找食物方式。拥有这种商品可以使他们选择更为有利但更耗时的生产方法:现在用于享乐而占有的商品为未来占有更多的商品提供了保证。

在解释利息现象的第三点理由中还包含两方面:首先,理论家



析地租,因此现代分配理论是在古典地租理论一般化的前提下产生的。而不同的是边际效用递减法则替代或补充了利润递减法则。这在美国人的理论中体现得很明显。参见约翰逊的《现代经济学理论中的地租》(美国经济协会出版社,1902);菲特的《旧的地租理论已死》(《经济学季刊》,1901);克拉克的《地租法则决定分配》(《经济学季刊》第五卷)。此外,地租概念在源于交换和生产的主观效用所得中的应用,如马歇尔的消费者过剩问题。

所未知的技术性事实，也就是延长生产期，采用迂回生产获得的回报远超过与投入时间所获得的回报。其次，技术性事实也是消费品价值增长的一个独立因素，这种观点在任何时候都存在。

利息作为一种收入形式，一方面源于资本家的价格竞争。资本家是为消费提供商品的商人。另一方面，利息源于地主与工人之间的价格斗争。这是因为后者更重视现有商品的价值，也是因为为延长生产周期而限制使用现有的消费品。价格竞争注定是利于资本家的。因此，地主与工人未来获得的产品会减少，与当前相比会打折扣。

这一理论所代表的学术成就具有划时代的意义。过去二十年里，大量的理论著作都是在讨论这一问题以及对这一问题的批判。皮尔逊、季特以及陶西格(《经济学原理》,1912)等人完全接受了这一理论，他们学习并接受了它的基本思想。费雪 1906 年出版了《资本与利息》,1908 年出版了《利率》;菲特 1904 年出版了《经济学原理》。他们都是用未来需求满足的“心理贬值”来解释利息现象，并吸收了杰文斯的观点。他们进一步把利息理论阐述为源于财富的一般利润理论。庞巴维克的著作中也包含了这些基本观点。

克拉克 1899 年出版了《财富分配》,维塞尔坚持资本生产力理论。他们都用不同的方式为该理论提供了理论基础。有的学者则是将不同利息解释理论中的基本观点整合起来，以新的观点来阐释利息现象。马歇尔把节欲理论与资本生产力理论结合了起来，卡弗的《财富分配》则采用了不同的方式。还有一部分学者坚持传统的利息解释理论。因此，这里不可能完整地呈现当时最重要的学术思潮。

企业家利益理论领域的研究并无太大进展。这一问题的讨论也是在上述谈及的观点框架下进行的。其他的理论著作主要是研究专门问题的,并不关注基本理论问题是如何演变的。经济危机是最为重要的问题之一。克里门特·朱格拉 1889 年出版了《论商业危机》,认识到了经济生活的循环流转是一种重要现象,也发现了在经济危机前的繁荣期里发生危机的直接原因。他的观点也是研究危机问题的理论基础。大多数现代的学术著作,尤其是斯皮托夫的著作,都是基于类似的观点而完成的。

经济学学说与方法的激烈争论似乎是破坏了经济学发展的连续性。这种激烈的争论不仅是因为这是经济学的固有特征,是人们对经济学观点的政治兴趣使然。当然它们也不全然是真正的经济学观点。还是因为在经济学领域开展坚定的科学工作是近代的事情。令人惊讶的是,这种争论几乎没有影响当时人们潜心研究的进程。



如果我们仔细观察这些观点,会发现大多数提出的对立性观点并非如此苛刻。这些对立性观点是不矛盾的,但不同学派很难迫使自己接受对方的观点。重农主义学派与当今的我们缺少同样的东西。如果我们关注问题的本质,而不是表达问题的形式,我们会发现很难找到哪个立场客观的学派提出的观点能反映当时激烈的争论。因此,我们的学科并不缺乏有机的发展。经济学源于经济生活中有关基本事实的本能性知识,而通过 19 世纪的具体实践以巩固所形成的观点。虽然我们也在尝试用新的理论来发展经济学,但是发展缓慢。每一种情况下出现的经济学现象都是表面性的，真正取得的成就是极少的。这种延伸式发展虽然缓慢，但是并未停滞。学者们花费了太多精力，尝试着用不同的方法去探索。这是不可避免的，因为很少有经济学家会完全赞同另一位经济学家的观点。每位经济学家都通过争辩来维护自己的立场，贡献自己的经济学思想。这在早期的所有学科中都是如此，对经济学来说这种情况持续了很长一段时间。与政治、社会与科学领域相比，有机体的发展阶段不能被忽略。但是随着时间的推移，人们不会在错误的道路上耗费过多的精力。在过去的150年里人们会更容易搞清楚社会科学领域的基本研究情况，发现其内在的统一性。

# 译后记

本书出版之际，内心无比激动，因为通过一年多的时间，终于把经济学家约瑟夫·熊彼特教授晚年的一本著作翻译完成了。翻译大家的著作对我来说是紧张而兴奋的。之所以说紧张，是因为害怕自己没有准确理解原著者的观点，而之所以兴奋，是因为翻译的作品出自大家之笔，倍感荣幸。

学习语言类专业的人，常常听到这样一句话：语言翻译也是一个创作的过程。好的译本不仅能准确无误地将原著者的思想与观点如实传达出来，还得考虑到目标语的特点。从一种语言处理为另一种语言的过程，译者要尽可能地保留原著者最真实的想法。但是，在真正处理的时候，译者又会面临很多困难。正如本书的英译版作者所言，德语中很多词汇是英语所没有的，而两种语言的句法结构又有所不同，这都给译者带来了巨大的挑战。而从英译版再译为中文版，又会面临这样或那样的问题。因此，在翻译的过程中我遇到了不小的难题，如文中有德语词汇、法语词汇，以及希伯来语等。翻译虽然是一个辛苦的过程，但是当看到译稿完成的那一刻，我才发现原来这是一个有点“味道”、有着独特体验的“阅读过程”。

翻译的过程虽然困难，但是能够得到很多人的帮助，这让我受益匪浅。这里，我要感谢中国人民公安大学禚明亮老师对我的鼓励与支持，感谢北京青年政治学院张欢欢老师帮我认真校稿。此外，还要特别感谢商务印书馆王艺博先生给我提供的一些建议。有了他们的帮助，我的翻译之旅轻松了许多。此书的出版对我来说也是一次独特的学术著作翻译经历。

武黄岗

2018 年 1 月

于北京木樨地

**图书在版编目(CIP)数据**

经济学说与方法史论/(美)约瑟夫·熊彼特著;武黄岗译.—北京:商务印书馆,2024
(汉译世界学术名著丛书:120年纪念版:珍藏本:增订本)
ISBN 978-7-100-23843-4

Ⅰ.①经… Ⅱ.①约…②武… Ⅲ.①经济学—学科发展②经济学—方法论 Ⅳ.①F0

中国国家版本馆CIP数据核字(2024)第112334号



汉译世界学术名著丛书
(120年纪念版·珍藏本·增订本)
**经济学说与方法史论**
〔美〕约瑟夫·熊彼特 著
武黄岗 译
张欢欢 校

商 务 印 书 馆 出 版
(北京王府井大街36号 邮政编码100710)
商 务 印 书 馆 发 行
北京新华印刷有限公司印刷
ISBN 978-7-100-23843-4

2024年5月第1版 开本710×1000 1/16
2024年5月北京第1次印刷 印张 $11\frac{3}{4}$
定价:65.00元